Formación Cívica y Ética

SEXTO GRADO PRIMARIA

SEP
SECRETARÍA DE
EDUCACIÓN PÚBLICA

Formación Cívica y Ética. Sexto grado de Primaria, fue coordinado por personal académico de la Dirección General de Desarrollo Curricular (DGDC) y editado por la Dirección General de Materiales e Informática Educativa (DGMIE) de la Subsecretaría de Educación Básica (SEB) de la Secretaría de Educación Pública (SEP).

Secretaría de Educación Pública
Emilio Chuayffet Chemor

Subsecretaría de Educación Básica
Alba Martínez Olivé

Dirección General de Desarrollo Curricular/ Dirección General de Materiales e Informática Educativa
Hugo Balbuena Corro

Dirección General Adjunta para la Articulación Curricular de la Educación Básica
María Guadalupe Fuentes Cardona

Dirección General Adjunta de Materiales Educativos
Laura Athié Juárez

Coordinación general
Hugo Balbuena Corro

Coordinación académica
María Guadalupe Fuentes Cardona
Felipe Bonilla Castillo

Autores
Silvia Conde Flores (coordinación)
Laura Gabriela Conde Flores

Revisión técnico pedagógica
José Ausencio Sánchez Gutiérrez
Verónica Florencia Antonio Andrés
Jorge Humberto Miranda Vázquez
Laura Elizabeth Paredes Ramírez
Martha Estela Tortolero Villaseñor

Coordinación editorial
Dirección Editorial, DGMIE/SEP
Patricia Gómez Rivera

Cuidado editorial
Alejandro Rodríguez Vázquez

Iconografía
Diana Mayén Pérez
Claudia Viridiana Navarro García
Irene León Coxtinica

Servicios editoriales
La Caja de Cerillos Ediciones, S. A. de C. V.

Coordinación editorial
La Caja de Cerillos Ediciones, S. A. de C. V.

Diseño gráfico
Santiago Solís Montes de Oca
Rocío Mince

Corrección de estilo
Ana Segovia Camelo

Iconografía
Eliete Martín del Campo Treviño

Ilustraciones
Juan Palomino: pp. 16-17, 19, 20, 28, 34-35, 37, 40-41, 42-43, 46, 52, 53, 57, 61, 72, 73, 78-79, 109, 116-117, 122, 132, 134-135, 141, 149, 150, 153, 163, 175 y 192.
Carlos Vélez: pp. 30-31, 32-33, 44, 48 y 133.

Formación Cívica y Ética. Sexto grado de Primaria, se imprimió por encargo de la Comisión Nacional de Libros de Texto Gratuitos, en los talleres de Litografía Magno Graf, S.A. de C.V., con domicilio en Calle E No. 6, Parque Industrial Puebla 2000, C.P. 72220, Puebla, Pue., en el mes de junio de 2014. El tiraje fue de 2'876,000 ejemplares.

Impreso en papel reciclado

Portada
Diseño: Ediciones Acapulco
Ilustración: *La Patria*, Jorge González Camarena, 1962
Óleo sobre tela, 120 × 160 cm
Colección: Conaliteg
Fotografía: Enrique Bostelmann

Primera edición, 2014 (ciclo escolar 2014-2015)

D.R. © Secretaría de Educación Pública, 2008
   Argentina 28, Centro,
   06020, México, D. F.

ISBN: 978-607-514-808-3

Impreso en México
DISTRIBUCIÓN GRATUITA-PROHIBIDA SU VENTA

Formación Cívica y Ética

SEXTO GRADO PRIMARIA

La Patria (1962),
Jorge González Camarena.

Esta obra ilustró la portada de los primeros libros de texto. Hoy la reproducimos aquí para mostrarte lo que entonces era una aspiración: que los libros de texto estuvieran entre los legados que la Patria deja a sus hijos.

El libro de texto que tienes en tus manos fue elaborado por la Secretaría de Educación Pública para ayudarte a estudiar y para que leyéndolo conozcas más de las personas y del mundo que te rodea.

Además del libro de texto hay otros materiales diseñados para que los estudies y los comprendas con tu familia, como los Libros del Rincón.

¿Ya viste que en tu escuela hay una biblioteca escolar? Todos esos libros están ahí para que, como un explorador, visites sus páginas y descubras lugares y épocas que quizá no imaginabas. Leer sirve para tomar decisiones, para disfrutar, pero sobre todo sirve para aprender.

Conforme avancen las clases a lo largo del ciclo escolar, tus profesores profundizarán en los temas que se explican en este libro con el apoyo de grabaciones de audio, videos o páginas de internet, y te orientarán día a día para que aprendas por tu cuenta sobre las cosas que más te interesan.

En este libro encontrarás ilustraciones, fotografías y pinturas que acompañan a los textos y que, por sí mismas, son fuentes de información. Al observarlas notarás que hay diferentes formas de crear imágenes. Tal vez te des cuenta de cuál es tu favorita.

Las escuelas de México y los materiales educativos están transformándose. ¡Invita a tus papás a que revisen tus tareas! Platícales lo que haces en la escuela y pídeles que hablen con tus profesores sobre ti. ¿Por qué no pruebas leer con ellos tus libros? Muchos padres de familia y maestros participaron en su creación, trabajando con editores, investigadores y especialistas en las diferentes asignaturas.

Como ves, la experiencia, el trabajo y el conocimiento de muchas personas hicieron posible que este libro llegara a ti. Pero la verdadera vida de estas páginas comienza apenas ahora, contigo. Los libros son los mejores compañeros de viaje que pueden tenerse. ¡Que tengas éxito, explorador!

Visita nuestro portal en <http://basica.sep.gob.mx>.

Índice

Conoce tu libro

Tu libro se divide en cinco bloques, uno por cada bimestre escolar. Al inicio del bloque se presenta una gran imagen alusiva a los temas que estudiarás durante el bimestre.

Dentro de cada bloque encontrarás cuatro lecciones, las cuales tienen la siguiente estructura.

Cada lección se identifica con su número y nombre.

En un recuadro se indica si la lección se relaciona con otras asignaturas.

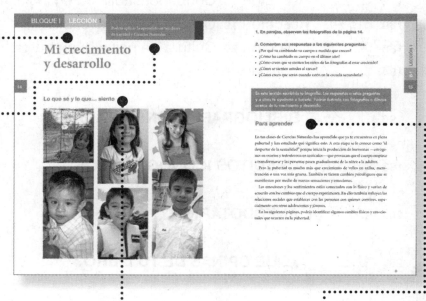

Cada lección inicia con una actividad llamada *Lo que sé y lo que... siento, opino.* Mediante el análisis de casos e imágenes o con la realización de ejercicios prácticos, recuperarás tus aprendizajes previos y reflexionarás sobre los temas de la lección.

Al terminar esta actividad inicial, se presenta el reto, tarea o producto que realizarás en la lección. Esto te ayudará a organizar tu trabajo.

Relaciones personales basadas en el respeto a la dignidad humana

Lo que sé y lo que... opino

En sus casas, vean distintos canales de televisión prestando atención a los programas y a los anuncios comerciales. Con base en esto, respondan las siguientes preguntas.

- ¿Qué modelos de hombre y de mujer se presentan en los programas de TV y de radio más populares entre las personas de su edad?
- ¿Cómo influyen estos modelos en ustedes y en otras personas cercanas?
- ¿Qué son prejuicios?, ¿qué son los estereotipos?
- ¿Cuáles lograste identificar en los programas y anuncios de televisión?
- ¿Por qué los prejuicios y los estereotipos limitan el desarrollo de las personas e influyen en las relaciones entre hombres y mujeres?

En esta lección asumirás un compromiso personal para cuestionar estereotipos y establecer relaciones basadas en el respeto a la dignidad de las personas.

Para aprender

Para llamar la atención o para vender un producto, los medios de comunicación, como la televisión, las revistas, el cine o la radio, suelen presentar imágenes de hombres y mujeres en situaciones alejadas de la realidad. Muestran que las personas bonitas son las que tienen éxito, que una persona buena debe sufrir, que un refresco o un chocolate provocan felicidad y que el cuidado de los hijos es únicamente responsabilidad de las mujeres.

Para no correr el riesgo de creer que se debe ser y vivir de acuerdo con la realidad que transmiten los medios, es importante aprender a mirarlos críticamente, así como a identificar y cuestionar los estereotipos, los prejuicios y las situaciones que promueven la discriminación.

Palabras claras

Un *estereotipo* es la imagen inmutable, compartida por muchas personas, sobre cómo debe ser alguien o cuáles son las características y comportamientos de cierto grupo de personas. Un ejemplo es creer que las niñas deben vestir de color rosa y que sólo jueguen con muñecas, que sean delicadas, sumisas y frágiles. Estos estereotipos de género se basan en prejuicios, es decir, en la idea falsa de que la mujer es más débil que el hombre, que llora con facilidad y que, como es poco inteligente, debe trabajar en cosas sencillas. Los prejuicios y los estereotipos llevan a la discriminación y limitan el desarrollo pleno de las personas. Las mujeres, como todas las personas, tienen fortaleza e inteligencia y los hombres, sienten miedo y lloran, como cualquier persona.

En los medios de comunicación suelen presentarse estereotipos de niñez, de belleza, de éxito y de género. Aprende a identificarlos y a cuestionarlos.

En los recuadros *Palabras claras* se presentan breves explicaciones sobre los temas de la lección.

La sección *Para aprender* está destinada al desarrollo de la lección.

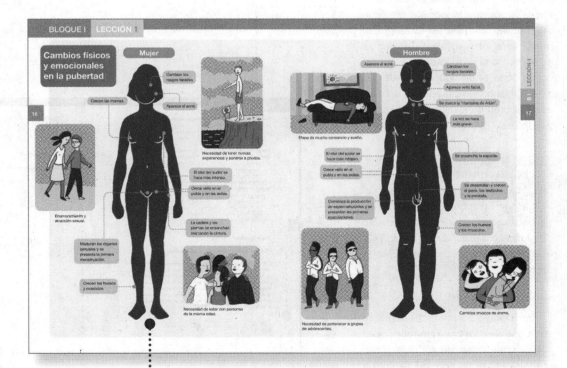

Cambios físicos y emocionales en la pubertad

En algunas lecciones se incluyen láminas informativas ilustradas a las que hemos llamado *infografías*. La información que se presenta te ayudará a comprender los temas y a realizar la tarea o producto de la lección.

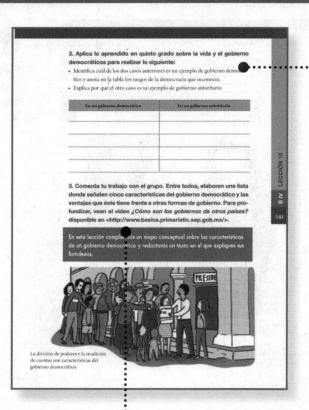

Dentro de la sección *Para aprender* se incluye una actividad orientada a que desarrolles tus habilidades, fortalezcas tus valores, comprendas los temas de la lección y avances en la realización de la tarea o producto de la lección. Se propone que en equipo, en parejas o en grupo reflexiones sobre tus valores, sobre la manera como conviven en el grupo o lo que ocurre en tu entorno y que analices los temas de la lección a partir de lo que has aprendido en tu vida diaria, en otras asignaturas, en los textos que se incluyen en el libro, en las infografías o en otras fuentes de consulta.

Como apoyo a tu proceso de aprendizaje, en algunas actividades se recomienda que consultes recursos del portal <http://www.basica.primariatic.sep.gob.mx/>, de la biblioteca escolar o que accedas a sitios web institucionales.

La sección *¡Participemos!* está destinada a concluir la lección. Mediante una actividad generalmente grupal, presentarás los resultados de tu trabajo, así como el producto de la lección. Se propone el diálogo, el debate y la reflexión sobre lo aprendido a fin de que elaboren conclusiones personales y grupales.

En distintos momentos de la lección podrás encontrar este icono, el cual indica que se recomienda conservar los trabajos individuales, por equipo o de grupo en el *Baúl de Formación Cívica y Ética* porque los usarás en otro momento.

El *Anecdotario* es una actividad libre en la que se propone que reflexiones sobre situaciones de tu vida diaria que se relacionan con los temas de la lección. Se hacen sugerencias para que anotes lo que sentiste en cierta situación, lo que hiciste para resolver un problema o lo que piensas sobre lo que ocurre en tu entorno. Escríbelo en el espacio que encontrarás al final de tu libro.

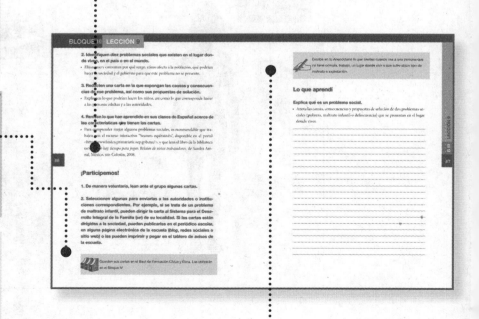

Se presentan actividades de autoevaluación en las que identificarás lo que aprendiste: los conocimientos adquiridos, las actitudes y valores que fortaleciste, así como las habilidades desarrolladas.

En el Bloque V, encontrarás un proyecto que realizarás en equipo para abordar problemas de convivencia que se presentan en tu escuela o localidad. Implica la participación responsable y comprometida de los integrantes del grupo. En este proyecto aplicarás lo aprendido acerca de la resolución de conflictos, el trabajo en equipo y la participación democrática en favor de la convivencia escolar, familiar y social.

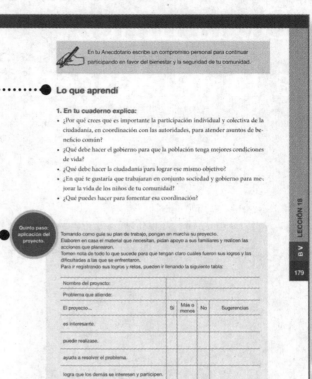

En tu Anecdotario escribe un compromiso personal para continuar participando en favor del bienestar y la seguridad de tu comunidad.

Lo que aprendí

1. En tu cuaderno explica:
- ¿Por qué crees que es importante la participación individual y colectiva de la ciudadanía, en coordinación con las autoridades, para atender asuntos de beneficio común?
- ¿Qué debe hacer el gobierno para que la población tenga mejores condiciones de vida?
- ¿Qué debe hacer la ciudadanía para lograr ese mismo objetivo?
- ¿En qué te gustaría que trabajaran en conjunto sociedad y gobierno para mejorar la vida de los niños de tu comunidad?
- ¿Qué puedes hacer para fomentar esa coordinación?

Quinto paso: aplicación del proyecto.

Tomando como guía su plan de trabajo, pongan en marcha su proyecto.
Elaboren en casa el material que necesitan, pidan apoyo a sus familiares y realicen las acciones que planearon.
Tomen nota de todo lo que sucede para que tengan claro cuáles fueron sus logros y las dificultades a las que se enfrentaron.
Para ir registrando sus logros y retos, pueden ir llenando la siguiente tabla:

Nombre del proyecto:
Problema que atiende:

El proyecto...	Sí	Más o menos	No	Sugerencias
es interesante.				
puede realizarse.				
ayuda a resolver el problema.				
logra que los demás se interesen y participen.				
ayuda a mejorar la convivencia en la escuela.				

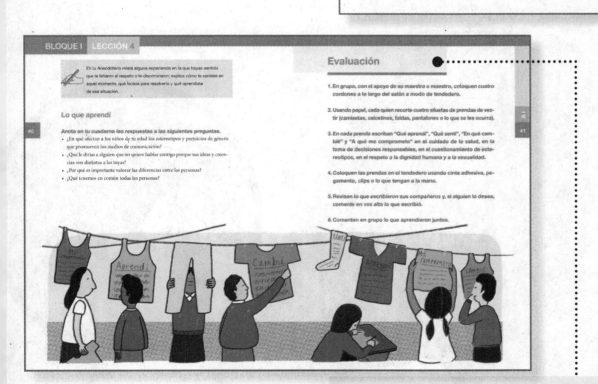

En tu Anecdotario relata alguna experiencia en la que hayas sentido que te faltaron al respeto o te discriminaron; explica cómo te sentiste en aquel momento, qué hiciste para resolverlo y qué aprendiste de esa situación.

BLOQUE I   LECCIÓN 4

Lo que aprendí

Anota en tu cuaderno las respuestas a las siguientes preguntas.
- ¿En qué afectan a los niños de tu edad los estereotipos y prejuicios de género que promueven los medios de comunicación?
- ¿Qué le dirías a alguien que no quiere hablar contigo porque sus ideas y creencias son distintas a las tuyas?
- ¿Por qué es importante valorar las diferencias entre las personas?
- ¿Qué tenemos en común todas las personas?

Evaluación

1. En grupo, con el apoyo de su maestra o maestro, coloquen cuatro cordones a lo largo del salón a modo de tendedero.

2. Usando papel, cada quien recorte cuatro siluetas de prendas de vestir (camisetas, calcetines, faldas, pantalones o lo que se les ocurra).

3. En cada prenda escriban "Qué aprendí", "Qué sentí", "En qué cambié" y "A qué me comprometo" en el cuidado de la salud, en la toma de decisiones responsables, en el cuestionamiento de estereotipos, en el respeto a la dignidad humana y a la sexualidad.

4. Coloquen las prendas en el tendedero usando cinta adhesiva, pegamento, clips o lo que tengan a la mano.

5. Revisen lo que escribieron sus compañeros y, si alguien lo desea, comente en voz alta lo que escribió.

6. Comenten en grupo lo que aprendieron juntos.

Al finalizar el bloque, se incluyen ejercicios individuales o grupales para la evaluación de lo aprendido entre compañeros o para que tu maestra o maestro evalúe tu progreso y pueda brindarte los apoyos que necesitas para que logres los aprendizajes esperados en el bloque.

De la niñez a la adolescencia

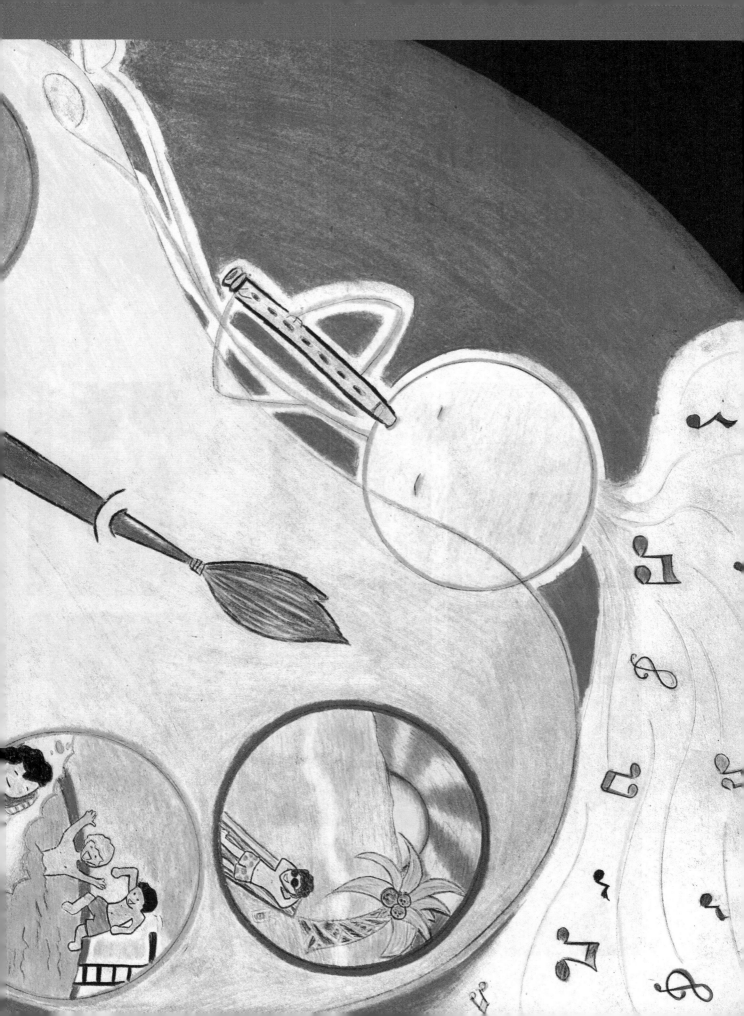

Mi crecimiento y desarrollo

Lo que sé y lo que... siento

1. En parejas, observen las fotografías de la página 14.

2. Comenten sus respuestas a las siguientes preguntas:

- ¿Por qué va cambiando su cuerpo a medida que crecen?
- ¿Cómo ha cambiado su cuerpo en el último año?
- ¿Cómo creen que se sienten los niños de las fotografías al estar creciendo?
- ¿Cómo se sienten ustedes al crecer?
- ¿Cómo creen que serán cuando estén en la escuela secundaria?

En esta lección escribirás tu biografía. Las respuestas a estas preguntas y a otras te ayudarán a hacerlo. Podrás ilustrarla con fotografías o dibujos acerca de tu crecimiento y desarrollo.

Para aprender

En tus clases de Ciencias Naturales has aprendido que ya te encuentras en plena pubertad y has estudiado qué significa esto. A esta etapa se le conoce como "el despertar de la sexualidad" porque inicia la producción de hormonas —estrógenos en ovarios y testosterona en testículos— que provocan que el cuerpo empiece a transformarse y las personas pasen gradualmente de la niñez a la adultez.

Pero la pubertad es mucho más que crecimiento de vellos en axilas, menstruación o una voz más gruesa. También se tienen cambios psicológicos que se manifiestan por medio de nuevas sensaciones y emociones.

Las emociones y los sentimientos están conectados con lo físico y varían de acuerdo con los cambios que el cuerpo experimenta. En ello también influyen las relaciones sociales que estableces con las personas con quienes convives, especialmente con otros adolescentes y jóvenes.

En las siguientes páginas, podrás identificar algunos cambios físicos y emocionales que ocurren en la pubertad.

16

Cambios físicos y emocionales en la pubertad

Mujer

Cambian los rasgos faciales.

Aparece el acné.

Crecen las mamas.

Necesidad de tener nuevas experiencias y ponerse a prueba.

El olor del sudor se hace más intenso.

Crece vello en el pubis y en las axilas.

La cadera y las piernas se ensanchan marcando la cintura.

Enamoramiento y atracción sexual.

Maduran los órganos sexuales y se presenta la primera menstruación.

Crecen los huesos y músculos.

Necesidad de estar con personas de la misma edad.

Hombre

Aparece el acné.

Cambian los rasgos faciales.

Aparece vello facial.

Se marca la "manzana de Adán".

La voz se hace más grave.

Se ensancha la espalda.

El olor del sudor se hace más intenso.

Crece vello en el pubis y en las axilas.

Se desarrollan y crecen el pene, los testículos y la próstata.

Comienza la producción de espermatozoides y se presentan las primeras eyaculaciones.

Crecen los huesos y los músculos.

Etapa de mucho cansancio y sueño.

Necesidad de pertenecer a grupos de adolescentes.

Cambios bruscos de ánimo.

1. Observa la infografía de la página anterior.

Identifica qué cambios físicos y emocionales has experimentado durante la pubertad. Recuerda los momentos que te han parecido importantes en tu vida, qué sentimientos y emociones experimentabas y reflexiona acerca de la idea que tienes de ti. Esto te ayudará a redactar tu biografía. El siguiente ejercicio de frases inconclusas también te servirá de apoyo para esta reflexión. Complétalas con una palabra o una frase. Después podrás utilizarlas en tu texto biográfico.

Siento que mi cuerpo _____.

Ahora no me gusta _____.

Los cambios en mi cuerpo me hacen sentir _____.

Me gusta estar con _____.

Nunca había sentido _____.

Me siento diferente que antes porque _____.

Cuando estoy con otros adolescentes siento _____.

Lo que más me gusta de ser mujer o de ser hombre _____.

Cuando veo a la persona que me gusta siento _____.

2. Responde las siguientes preguntas y, con base en tus respuestas, redacta en tu cuaderno tu biografía.

• ¿Qué cambios he identificado en mi cuerpo durante el último año?

• ¿Cómo han cambiado mis gustos, intereses y forma de ser?

• ¿Cómo han cambiado mis emociones?

• ¿Qué afectos, sensaciones y emociones siento ahora?

• ¿Cómo me quiero ver y sentir en el futuro?

• ¿Qué necesito aprender para mantener una vida sana?

Para que conozcas más acerca de los cambios que experimenta el cuerpo en la pubertad y el amor de pareja, consulta en la biblioteca escolar el libro de Robie H. Harris, *¡Es alucinante!*, México, SEP-Océano, 2006. También puedes revisar el recurso interactivo "Porque me quiero, me cuido y protejo", disponible en el portal <http://www.basica.primariatic.sep.gob.mx/>.

3. Consulta en tu libro de Español qué elementos debe contener una biografía.

- Comienza a redactar la tuya.
- Ilústrala con dibujos o fotografías. Puedes preparar una presentación electrónica empleando recursos digitales como fotos narradas o video.

Cada persona crece y se desarrolla a su ritmo.
Cuídate, valora tu cuerpo y respeta las diferencias
en el desarrollo de cada quien.

Palabras claras

Pubertad no es sinónimo de problemas y rebeldía. Los cambios se reflejan en la forma e intensidad de sentir y expresar emociones y sentimientos, en la manera de reaccionar ante situaciones nuevas, en la necesidad de experimentar y en cambios bruscos de estado de ánimo. En ocasiones, las reacciones son el medio de comunicación del organismo; por ejemplo, cansancio, desgano o hambre voraz son expresiones de un cuerpo que está creciendo y que necesita descansar y recuperar energía. Es importante entender que la pubertad es una etapa de aprendizaje, de desarrollo físico y emocional, así como de construcción de la identidad personal y social.

¡Participemos!

1. En equipos, compartan sus biografías. Busquen semejanzas, diferencias y aspectos del desarrollo personal que les llamen la atención.

2. En grupo, con apoyo de su maestra o maestro, realicen una actividad llamada Búsqueda del tesoro, que consiste en encontrar personas con quienes compartan algunos rasgos.

- Cada quien dirá en voz alta algo que le parezca importante de su biografía. Por ejemplo: "Me da pena hablar de sexualidad", "Tengo acné", "Me gusta como soy". Quienes sientan lo mismo o les pase algo similar, se colocarán junto a la persona con la que tienen algo en común. Repitan el ejercicio hasta que ya no encuentren similitudes. Recuerden respetar los comentarios de los demás.

3. Al terminar, platiquen lo que piensan, sienten y aprendieron de este ejercicio y de toda la lección.

4. En tu cuaderno, redacta una conclusión sobre la relación que tiene la pubertad con la sexualidad y por qué es importante que te conozcas y te aceptes.

Aunque somos diferentes, siempre hay algo que tenemos en común con otras personas.

Escribe en tu Anecdotario la experiencia de participar en la actividad Búsqueda del tesoro, algún pasaje de tu autobiografía o algo que te haya sorprendido de la actividad.

Lo que aprendí

1. Reflexiona y en el cuadro marca con una palomita (✓) lo que aprendiste.

	Sí	Más o menos	No
Comprendo por qué ocurren los cambios que experimentamos en la pubertad.			
Reconozco que estos cambios tienen que ver con la sexualidad.			
Reconozco que es natural que las personas se desarrollen con ritmos distintos.			
Respeto a las demás personas y evito burlarme de las diferencias en el desarrollo.			

2. Si seleccionaste en algún caso la columna No, piensa qué puedes hacer para lograr que se convierta en un Sí. Anota tus conclusiones.

_____
_____
_____
_____
_____
_____
_____
_____
_____
_____
_____
_____

BLOQUE I   LECCIÓN 2

Podrás aplicar lo aprendido en tus clases
de Ciencias Naturales.

Nuestro derecho a la salud

Lo que sé y lo que… opino

1. En parejas, revisen los siguientes datos de la *Encuesta Nacional de Salud y Nutrición 2012*, del Instituto Nacional de Salud Pública y del Instituto Nacional de Estadística y Geografía (Inegi).

En 2011 la tasa de fecundidad de las mujeres de entre 12 y 19 años de edad fue de 37 nacimientos por cada 1 000 mujeres.

Según esta encuesta, 23% de adolescentes (entre 12 y 19 años) ha iniciado su vida sexual. La proporción es mayor en los hombres (25.5%) que en las mujeres (20.5%).

Según esta encuesta, 32.7% de adolescentes ha recibido condones en forma gratuita por parte de instituciones de salud.

Según esta encuesta, 90% de la población adolescente (entre 12 y 19 años de edad) conoce o ha escuchado hablar de algún método anticonceptivo.

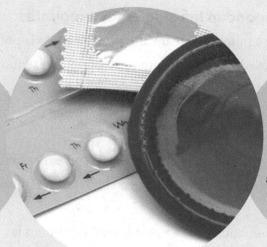

Del total de adolescentes sexualmente activos, 14.7% de los hombres y 33.4% de las mujeres no utilizaron ningún método anticonceptivo en la primera relación sexual.

Del total de las mujeres adolescentes entre 12 y 19 años de edad que tuvieron relaciones sexuales, más de la mitad (51.9%) alguna vez ha estado embarazada.

De cada 100 mujeres de 15 años o más, 47 han tenido al menos una relación de pareja, matrimonio o noviazgo y han sido agredidas por su actual o última pareja a lo largo de su relación.

De cada 100 mujeres de 15 años o más, 63 han padecido algún incidente de violencia, ya sea por parte de su pareja o de otra persona.

2. En su cuaderno, respondan las siguientes preguntas:

- ¿Por qué consideran que a pesar de que un alto porcentaje de la población adolescente dice conocer métodos anticonceptivos se siguen presentando casos de embarazos a temprana edad?
- Además del embarazo, ¿qué más puede ocurrir si se tienen relaciones sexuales sin protección?
- ¿Cómo se puede prevenir la violencia en el noviazgo y en otras relaciones?
- ¿De qué manera creen que afecte la violencia en el noviazgo al desarrollo de los adolescentes?
- ¿Qué otros riesgos relacionados con la salud sexual enfrentan las personas de su edad?
- ¿Cómo se pueden prevenir estos riesgos?

En esta lección elaborarán en grupo una revista colectiva que trate sobre el cuidado de la salud, la promoción de medidas que favorezcan el bienestar integral, la importancia de la sexualidad y sus diversas manifestaciones en la vida de los seres humanos, así como sobre la prevención de la violencia en las relaciones de pareja, de embarazos en la adolescencia y de infecciones de transmisión sexual (ITS).

Para aprender

Tienes derecho a recibir información confiable y veraz sobre salud sexual. Procura consultar distintas fuentes institucionales, como las del Sector Salud.

La Organización Mundial de la Salud (OMS) define la salud como un estado completo de bienestar físico, mental y social de las personas. Sin excepción, todos los seres humanos tienen derecho a la salud como parte del bienestar integral. Una persona sana no sólo es la que no está enferma, sino la que se distingue por las siguientes características:

Bienestar físico. Sus órganos funcionan bien, resiste las enfermedades, su higiene es buena, hace ejercicio, tiene fuerza y su peso es adecuado para su talla.

Bienestar mental y emocional. Duerme, descansa y se divierte. Tiene una sólida autoestima y establece de manera respetuosa relaciones afectivas, sociales y de amistad.

Salud social. Se integra y participa en los grupos sociales. Convive sin violencia, sin discriminar y sin permitir abusos.

Salud sexual y reproductiva. Comprende los cambios que está viviendo, cuida su higiene y sus órganos sexuales. Sabe que tiene derecho a no ser molestada en su cuerpo ni en su intimidad; a ser tratada con amor y respeto, y a expresar sus afectos sin ser importunada por ello. Tal persona previene las infecciones de transmisión sexual (ITS) y los embarazos, así como la violencia en el noviazgo.

Rechaza cualquier forma de violencia: el maltrato físico o verbal, los celos, las prohibiciones, que uno de los miembros de la pareja tome decisiones en forma unilateral o ejerza presiones sexuales. Eso no es amor.

Ya has estudiado en tus clases de Ciencias Naturales que para conservar la salud sexual y reproductiva, es necesario cuidarse y cuidar a la pareja.

El inicio de la vida sexual se acompaña de algunos riesgos, como las ITS, que pueden adquirirse con cualquier tipo de contacto sexual (oral, vaginal o anal) si no se toman precauciones, como el uso del condón. También puede presentarse un embarazo, que a temprana edad es peligroso tanto para la madre —porque su organismo aún no está preparado para la gestación y el parto— como para el bebé.

El noviazgo es una oportunidad para vivir el amor, conocerse y explorar nuevas emociones y sensaciones.

1. En equipos, elijan uno de los siguientes temas:

- **Amor y sexualidad.** El primer amor, el primer beso, la importancia de la comunicación y el respeto en las relaciones afectivas.
- **Salud sexual en la adolescencia.** Acceso a información científica, prevención y atención de problemas e ITS, desarrollo sano, higiene, detección oportuna del cáncer de mama y vacuna contra el virus del papiloma humano (VPH).

- **Salud reproductiva.** El derecho constitucional a decidir si se quiere o no tener bebés, cuándo y con quién disfrutar una vida sexual y reproductiva satisfactoria, saludable y sin riesgos, con la libertad de decidir de manera responsable y bien informada si se desea tener o no hijos, el número de ellos y el momento.
- **Conductas sexuales responsables.** Ventajas de retrasar el inicio de la vida sexual: ¡cuidado con el embarazo y las ITS!
- **Violencia sexual y violencia en el noviazgo y en otras relaciones.** El derecho a disfrutar de la sexualidad sin violencia y sin discriminación.

2. Elijan uno de los siguientes apartados y una de las siguientes secciones para la revista:

Apartados

- Artículo de divulgación científica.
- Artículo cultural o de espectáculos.
- Historia, anécdota o cuento corto.

Secciones

- Tips.
- Test.
- Anuncio publicitario.

3. Elaboren el apartado y la sección de acuerdo con el tema seleccionado.

- Escriban los textos y seleccionen ilustraciones para cada uno. Pueden consultar los temas de sexualidad en el libro de Ciencias Naturales y trabajar en el portal <http://www.basica.primariatic.sep.gob.mx/> con el recurso interactivo "Por una salud sexual responsable".

Palabras claras

¿De qué platicamos cuando hablamos de sexo? Con frecuencia se piensa que la sexualidad sólo tiene que ver con el contacto sexual o con los genitales. En realidad va más allá. La sexualidad, que no es lo mismo que el sexo, está presente en la vida de las personas desde que nacen hasta que mueren y tiene que ver con la posibilidad de sentir y expresar emociones como el amor, la atracción y el deseo. También se relaciona con el género, es decir, con la identidad como hombre o como mujer; con la idea que se tiene acerca de las relaciones de pareja y la familia; así como con la reproducción, rasgo que se expresa en la posibilidad de tener hijos y en el derecho a decidir si se quieren tener o no, cuántos y cuándo. La sexualidad refleja la manera en que cada quien se desarrolla, entiende su cuerpo, se expresa, vive y convive. Forma parte del ser de cada persona y se relaciona con cuatro aspectos fundamentales: la reproducción, el género (saberse y actuar como hombre o como mujer), el erotismo y la vinculación afectiva.

El único método que previene embarazos e ITS es el condón. Los métodos hormonales son sólo anticonceptivos.

¡Participemos!

1. En grupo, revisen el material con el que cuentan para la revista. Cada equipo presentará la sección que propone incluir.

2. Para organizar la edición de la revista, distribuyan el trabajo para elaborar la portada, diseñar cada página, ya sea en cartulinas o usando algún programa de computadora, y buscar las imágenes o esquemas.

3. Armen su revista y léanla. Integren las correcciones que hagan falta.

 Al terminar de leer y corregir la revista, compártanla con compañeros de otros grupos y grados. Después, colóquenla en el Baúl de Formación Cívica y Ética del grupo.

 En tu Anecdotario escribe una experiencia personal relacionada con las decisiones que has tomado sobre la sexualidad. Explica a quién recurriste para obtener información, cómo te sentiste y qué aprendiste. También escribe por qué es importante la prevención para mantener la salud y para desarrollarte de manera integral.

Lo que aprendí

Cuando la revista esté concluida, reflexiona sobre lo que aprendiste y comenta:

- ¿Qué aprendí sobre la salud sexual en la adolescencia?
- ¿Cómo puedo prevenir los riesgos de la sexualidad en la adolescencia?
- ¿Cuál es la importancia de la sexualidad y sus manifestaciones en la vida de los seres humanos?
- ¿Qué fue lo que más me interesó en esta lección?
- ¿Qué sentí al elaborar una revista entre todo el grupo?

Podrás aplicar lo aprendido en tus clases de Ciencias Naturales.

Aprendo a decidir sobre mi persona

30

Lo que sé y lo que… opino

1. Lee la historieta.

2. En grupo, comenten y respondan:

- ¿Qué opinan de la situación que enfrenta esta pareja?
- ¿Qué hubieran hecho si estuvieran en el lugar de la chica?, ¿por qué?
- ¿Conocen un caso parecido?
- ¿Cuál fue la decisión que tomaron y cuáles fueron las consecuencias de esa decisión?
- ¿Cómo pueden resistir la presión de otras personas al momento de tomar decisiones?

3. Para valorar la importancia de tomar decisiones, elaboren una lista de las que tendrán que tomar en la adolescencia, especialmente antes de terminar la primaria. Piensen en la escuela, en la relación con su familia, sus amigos y con una pareja.

En esta lección representarán por equipos un caso en el que se tomen decisiones responsables e informadas.

Para aprender

Todos los días tomas decisiones, algunas sobre cosas sencillas, como la ropa que usarás o lo que vas a desayunar; pero otras tienen que ver con la salud, la seguridad o los planes a futuro. Por ejemplo, ¿es el momento de tener relaciones sexuales?, ¿consumir tabaco, alcohol u otras drogas?, ¿hago lo que me dicen mis amigos aunque me parezca peligroso? Ante este tipo de decisiones es muy importante analizar bien las opciones, tener información y reflexionar acerca de lo que puede pasar si se opta por un camino o por otro.

A veces es difícil decidir. Por eso se vale pedir opiniones y orientación a otras personas, como a la familia, a las maestras y maestros, o a otras personas de confianza. Lo que no se vale es ceder a la presión para hacer algo que en realidad no quieres o que sabes que te va a perjudicar. Tener responsabilidad ante las decisiones es una cuestión personal, por eso se deben asumir las consecuencias y aprender de la experiencia. De esta manera, ante una situación similar se podrá aplicar lo aprendido.

Aunque siempre debemos tomar decisiones responsables e informadas, cuando se trata de la salud sexual y reproductiva es especialmente importante. La familia y la escuela brindan información y proporcionan las bases para decidir de acuerdo con los valores y las metas personales. Adicionalmente, las instituciones del Sector Salud y el Sistema para el Desarrollo Integral de la Familia (DIF) ofrecen servicios de atención médica y orientación en sexualidad; puedes recurrir a ellos en caso de necesitar información para tomar una decisión.

Las consecuencias de las decisiones son responsabilidad de quien las toma, independientemente de que los resultados sean favorables o no.

1. En equipos, con base en la lista que hicieron al inicio de esta lección, seleccionen un tema sobre el que deban tomar decisiones responsables e informadas.

- Con ayuda de su maestra o maestro, realicen un recuento de lo que saben sobre este tema, identifiquen la información que requieren investigar y las fuentes donde pueden obtenerla, incluyendo medios de comunicación. Por ejemplo, pueden consultar los temas relacionados con el cuidado de la salud sexual y la prevención de riesgos que se incluyen en su libro de Ciencias Naturales.

34

2. Cada equipo plantee un caso —real o inventado— de adolescentes que deben tomar una decisión sobre el tema que seleccionaron. Lo representarán ante el grupo, mostrando la importancia que la información tiene para tomar decisiones responsables. Planeen cómo lo escenificarán, pueden usar vestuario u objetos que tengan a la mano para reforzar su presentación.

Palabras claras

¿Por qué no siempre nos damos cuenta de que estamos en riesgo? Un riesgo es aquella situación que representa un peligro para la vida, la dignidad y la seguridad. A la capacidad de identificar estas situaciones y de medir el peligro se le conoce como *percepción del riesgo*. La baja percepción del riesgo es común en la adolescencia, pero puede evitarse aprendiendo a estar alerta y a prestar atención a las emociones que nos avisan que hay peligro, como el temor, el miedo o la vergüenza.

Cuando alguien tiene una baja percepción del riesgo, no nota que algo es peligroso o cree que no le pasará nada.

¡Participemos!

1. Representen ante el grupo el caso que prepararon.

2. Al concluir las presentaciones comenten los casos. Respondan las siguientes preguntas:

- ¿Qué situaciones de riesgo deben conocer y prever durante la adolescencia?
- ¿Por qué es importante contar con información para tomar decisiones?
- ¿Dónde pueden obtener información para tomar mejores decisiones ante una situación de riesgo?
- ¿Qué nuevas responsabilidades personales enfrentan en la adolescencia?
- ¿Cómo pueden evitar el consumo de sustancias adictivas, las ITS y el embarazo?
- ¿Qué papel deben tener las amistades y la pareja en la toma de decisiones personales?
- ¿Qué personas o instituciones brindan orientación acerca de los riesgos que se enfrentan en la adolescencia?

Lo que aprendí

En tu cuaderno redacta una conclusión sobre la importancia de aprender a tomar decisiones propias e informadas.

Relata en el Anecdotario una experiencia personal sobre alguna decisión importante que hayas tomado, sobre lo que has hecho para resistir a la presión de otras personas, hacer respetar tus derechos y asumir la responsabilidad de tus decisiones.

Relaciones personales basadas en el respeto a la dignidad humana

Lo que sé y lo que... opino

En su casa, vean distintos canales de televisión prestando atención a los programas y a los anuncios comerciales. Con base en esto, respondan las siguientes preguntas:

- ¿Qué modelos de hombre y de mujer se presentan en los programas de TV y de radio más populares entre las personas de su edad?
- ¿Cómo influyen estos modelos en ustedes y en otras personas cercanas?
- ¿Qué son los prejuicios?, ¿qué son los estereotipos?
- ¿Cuáles lograste identificar en los programas y anuncios de televisión?
- ¿Por qué los prejuicios y los estereotipos limitan el desarrollo de las personas e influyen en las relaciones entre hombres y mujeres?

En esta lección asumirás un compromiso personal para cuestionar estereotipos y establecer relaciones basadas en el respeto a la dignidad de las personas.

Para aprender

Para llamar la atención o para vender un producto, los medios de comunicación, como la televisión, las revistas y el cine, suelen presentar imágenes de hombres y mujeres en situaciones alejadas de la realidad. Muestran que las personas bonitas son las que tienen éxito, que una persona "buena" debe sufrir, que un refresco o un chocolate provocan felicidad y que el cuidado de los hijos es únicamente responsabilidad de las mujeres.

Para no correr el riesgo de creer que se debe ser y vivir de acuerdo con la realidad que transmiten los medios, es importante aprender a mirarlos críticamente, así como a identificar y cuestionar los estereotipos, los prejuicios y las situaciones que promueven la discriminación.

Palabras claras

Un *estereotipo* es la imagen inmutable, compartida por muchas personas, acerca de cómo debe ser alguien o cuáles son las características y comportamientos de cierto grupo de personas. Un ejemplo es creer que las niñas deben vestir de color rosa y jugar sólo con muñecas, que sean delicadas, sumisas y frágiles. Estos estereotipos de género se basan en prejuicios, es decir, en la idea falsa de que la mujer es más débil que el hombre, que llora con facilidad y que, como es poco inteligente, debe trabajar en cosas sencillas. Los prejuicios y los estereotipos llevan a la discriminación y limitan el desarrollo pleno de las personas. Las mujeres, como todas las personas, tienen fortaleza e inteligencia y los hombres sienten miedo y lloran, como cualquier persona.

En los medios de comunicación suelen presentarse estereotipos de niñez, de belleza, de éxito y de género. Aprende a identificarlos y a cuestionarlos.

Cada persona es única y diferente de las demás, porque tiene rasgos físicos, conocimientos, experiencia de vida, costumbres, creencias, habilidades y capacidades que la hacen ser quien es, aunque comparta algo con otras o se parezca a alguien más.

Reconocer y valorar la diversidad enriquece a los seres humanos en lo individual y como grupo, porque permite aprender de otras personas y trabajar en equipo aprovechando las características de cada quien. Es necesario reconocer que todas las personas son iguales en dignidad y derechos y que todas merecen un trato respetuoso y las mismas oportunidades de desarrollo.

1. En parejas, comenten:

- ¿Cuáles son los programas de radio y de televisión más populares entre la población adolescente?
- ¿Qué tipo de información ofrecen estos programas?
- ¿Cuáles son de divulgación científica, cuáles culturales y cuáles recreativos?
- ¿Qué estereotipos y prejuicios reconocen en estos programas, y en los anuncios comerciales que los acompañan, acerca del noviazgo, ser hombre, ser mujer, ser adolescente, acerca del matrimonio y del éxito?
- Identifiquen ejemplos de la influencia de estos estereotipos y prejuicios en las personas y en la forma en que se establecen las relaciones.

Para entender más sobre este tema, lean el libro *Elenita*, de Campbell Geeslin, México, SEP-Océano, 2008, disponible en la biblioteca escolar, que relata una historia sobre los prejuicios y los estereotipos de género. En caso de que no esté disponible, busquen otro sobre el tema de la lección.

2. Comenten qué se puede hacer para que su imagen personal y sus relaciones no estén basadas en estereotipos.

¡Participemos!

1. Contesta en forma individual el siguiente cuestionario:

Situación	Sí	No
Me cambio de lugar si se sienta a mi lado alguien diferente a mí o que no me cae bien.		
Me parece bien que el quehacer de la casa sólo lo hagan las mujeres.		
Me parece mal jugar con personas del sexo opuesto.		
Creo que las mujeres no deben jugar futbol.		
Pienso que si un niño llora es porque es débil.		
Sólo le hablo a quienes son populares.		
Pienso que está bien decirle "vieja" a una mujer.		
Creo que el hombre debe tener muchas novias y la mujer sólo un novio.		
Si a una niña le chiflan y le dicen cosas, es porque provoca a los hombres.		

2. Revisa tus resultados.

- Si la mayoría de tus respuestas fueron No, vas muy bien y la tarea es trabajar para seguir por el camino del respeto. Identifica los casos en los que respondiste Sí. ¡Cuidado! Son señales de trato indigno y de discriminación.

3. Redacta en una hoja un compromiso con el título "Yo promuevo un trato respetuoso y equitativo… ¿y tú?" en la que expongas lo que harás para respetar y tratar bien a las demás personas sin importar las diferencias.

- Si recibes burlas o un trato discriminatorio, incluye una frase en la que exijas asertivamente un trato respetuoso; por ejemplo, si alguien te molesta por tu forma de ser o de pensar, puedes decirle: no es correcto que me ofendas, yo respeto tu forma de ser y te pido que me respetes.

4. En grupo y con apoyo de su maestra o maestro, elaboren un periódico mural donde escriban sus compromisos personales.

- Lean lo que escribieron y comenten la importancia de respetar las diferencias, de evitar los estereotipos y prejuicios de género, así como de vivir en un ambiente libre de discriminación.

En tu Anecdotario relata alguna experiencia en la que hayas sentido que no te respetaron o te discriminaron; explica cómo te sentiste en aquel momento, qué hiciste para resolverlo y qué aprendiste de esa situación.

Lo que aprendí

Anota en tu cuaderno las respuestas a las siguientes preguntas:

- ¿En qué afectan a los niños de tu edad los estereotipos y prejuicios de género que promueven los medios de comunicación?
- ¿Qué le dirías a alguien que no quiere hablar contigo porque sus ideas y creencias son distintas a las tuyas?
- ¿Por qué es importante valorar las diferencias entre las personas?
- ¿Qué tenemos en común todas las personas?

Evaluación

1. En grupo, con el apoyo de su maestra o maestro, coloquen cuatro cordones a lo largo del salón a modo de tendedero.

2. Usando papel, cada quien recorte cuatro siluetas de prendas de vestir (camisetas, calcetines, faldas, pantalones o lo que se les ocurra).

3. En cada prenda escriban "Qué aprendí", "Qué sentí", "En qué cambié" y "A qué me comprometo" en el cuidado de la salud, la toma de decisiones responsables, el cuestionamiento de estereotipos, el respeto a la dignidad humana y a la sexualidad.

4. Coloquen las prendas en el tendedero usando cinta adhesiva, pegamento, clips o lo que tengan a la mano.

5. Revisen lo que escribieron sus compañeros y, si alguien lo desea, comente en voz alta lo que escribió.

6. Comenten en grupo lo que aprendieron juntos.

Tomar decisiones conforme a principios éticos para un futuro mejor

Podrás aplicar lo aprendido en tus clases de Español.

Nuevos sentimientos y emociones

Lo que sé y lo que... siento

1. En parejas, lean la siguiente historieta:

2. Comenten sus respuestas a las siguientes preguntas:

- ¿Cómo creen que se siente Clara?
- ¿Por qué creen que no expresa lo que siente?
- ¿Han vivido una situación similar?, ¿qué sintieron?, ¿qué hicieron?
- ¿Por qué a veces es difícil expresar los sentimientos?
- ¿Qué situaciones les provocan miedo, alegría, enojo o tristeza?
- ¿Cómo reaccionan ante esas situaciones?

En esta lección elaborarán en equipo una historieta sobre un caso en el que las emociones se manejen de manera asertiva.

Las personas expresamos nuestras emociones con palabras, gestos y acciones.

Para aprender

Las emociones y los sentimientos forman parte de la vida del ser humano, son respuestas momentáneas del organismo ante una situación fuera de lo común. Se trata de impulsos que mueven a las personas a actuar de cierta manera para adaptarse al medio ambiente. Por ejemplo, si algo asusta a alguien, buscará protegerse; por ello, quien siente miedo, puede tener ganas de correr o taparse la cara.

Ante una sorpresa desagradable, el cuerpo se pone en alerta, se abren más los ojos, se tensan los músculos y se retrocede un poco para observar lo que sucede. Cuando pasa la emoción, queda el sentimiento. Se trata de un estado de ánimo más duradero, pues se graba en la memoria y posteriormente se activa ante una situación similar a la que produjo esa emoción.

46

1. En parejas, analicen el esquema.

¿Cómo reaccionamos ante las emociones?

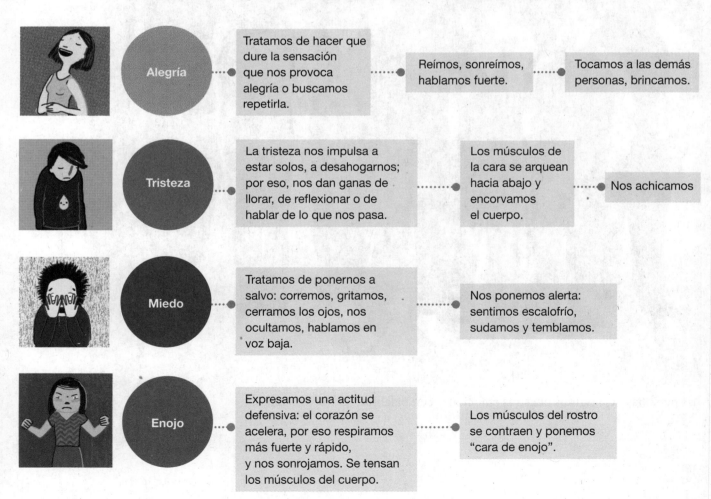

Alegría — Tratamos de hacer que dure la sensación que nos provoca alegría o buscamos repetirla. → Reímos, sonreímos, hablamos fuerte. → Tocamos a las demás personas, brincamos.

Tristeza — La tristeza nos impulsa a estar solos, a desahogarnos; por eso, nos dan ganas de llorar, de reflexionar o de hablar de lo que nos pasa. → Los músculos de la cara se arquean hacia abajo y encorvamos el cuerpo. → Nos achicamos

Miedo — Tratamos de ponernos a salvo: corremos, gritamos, cerramos los ojos, nos ocultamos, hablamos en voz baja. → Nos ponemos alerta: sentimos escalofrío, sudamos y temblamos.

Enojo — Expresamos una actitud defensiva: el corazón se acelera, por eso respiramos más fuerte y rápido, y nos sonrojamos. Se tensan los músculos del cuerpo. → Los músculos del rostro se contraen y ponemos "cara de enojo".

2. De acuerdo con el análisis que hicieron, comenten con sus compañeros lo siguiente:

- En qué situaciones experimentaron esas y otras emociones.
- Identifiquen de qué otra manera reaccionan cuando algo les sucede; por ejemplo, en sucesos relacionados con evitar la violencia, controlar los impulsos que les ponen en riesgo, evitar manipulaciones o cuando alguien los ha hecho sentir mal.
- Qué experiencias han tenido en las que hayan aprendido a manejar o controlar sus emociones.

3. Con apoyo de su maestra o maestro, organicen seis equipos. Cada uno seleccionará alguna de las siguientes situaciones:

- Mi familia no me deja ir a las fiestas que organizan mis amistades.
- En la clase de Educación Física siento que se burlan de mi cuerpo.
- Mi hermano dejó la puerta abierta, se salió mi perro y lo atropelló un camión.
- Ganamos el primer lugar en el torneo de voleibol de la zona.
- Dije que iba a hacer un trabajo en equipo, pero me fui a las maquinitas. Creo que mi mamá me vio.
- Me caí en el recreo y me vio el niño que me gusta.

4. Respondan las siguientes preguntas:

- ¿Qué sentirían si estuvieran en esa situación?, ¿cómo creen que reaccionarían?
- ¿Qué reacciones les ayudarían a expresar sus emociones sin hacerse daño ni dañar a las demás personas y sin fingir?, ¿cómo podrían reconocer y manejar las emociones que les provoca cada situación?

5. Elaboren una historieta sobre la situación que seleccionaron. Pueden emplear medios digitales, hacerlas en cartulinas o en su cuaderno.

- Incluyan las reacciones de los personajes. Planteen lo que sucedería si expresaran sentimientos y emociones de manera impulsiva, sin pensar en las consecuencias.
- Hagan que sus protagonistas aprendan a reaccionar asertivamente, aunque inicialmente lo hayan hecho de manera impulsiva o pasiva. Para elaborar esta parte, analicen la información que se presenta enseguida.

48

¿Cómo reaccionas cuando alguien te agrede?: ¿de manera violenta?, ¿permites la agresión sin defenderte?, ¿pides respeto sin agredir?

Palabras claras

A fin de evitar que te hagas daño o dañes a otras personas, es necesario que expreses tus emociones de *manera asertiva*. En quinto grado estudiaste que la asertividad es la capacidad de expresar sentimientos, necesidades y opiniones, defender tus derechos o establecer límites sin abusar ni permitir abusos, sin usar la violencia y sin negar los derechos ajenos.

Al reaccionar de manera asertiva, cuidas tu salud tanto física como emocional y mejora la forma en que convives. No es saludable que permitas abusos ni que ocultes tus sentimientos, pero tampoco es adecuado que lo hagas con violencia, ya que alguna persona puede resultar dañada. Además, con frecuencia después del impulso violento, puedes experimentar algún malestar físico, como dolor de estómago o de cabeza.

Todas las personas podemos aprender a reaccionar de manera asertiva. Aquí te presentamos algunas estrategias para hacerlo.

Estrategias para fortalecer tu capacidad de comunicar de forma asertiva tus sentimientos y emociones

Pide trato respetuoso y respeta la dignidad ajena. No permitas malos tratos, gritos ni ofensas y trata a las demás personas como quieres que te traten a ti.

Identifica lo que te provoca emociones: miedo, alegría, ira, tristeza, ansiedad, vergüenza. Reconoce tus reacciones.

Controla tus impulsos. Mide tus palabras, piensa antes de hablar y de actuar.

Aprende a manejar los cambios bruscos de estado de ánimo que se presentan por el efecto de las hormonas en tu cuerpo.

Evita ofender y emplear la violencia. Expresa sin miedo y sin culpas cómo quieres que te traten o lo que no quieres que vuelva a pasar.

Conoce tus derechos y defiéndelos. Tienes derecho a expresar sentimientos y emociones sin sufrir burlas.

Disco rayado. Cuando alguna persona te esté molestando o te presione, elige una respuesta que exprese lo que sientes o lo que quieres y dilo con firmeza, por ejemplo: "me siento incómodo haciendo eso", y repite la frase como disco rayado; puedes hacer algunos cambios ligeros: "me siento mal si hago lo que quieres", "me incomoda lo que propones".

Usa la empatía. Primero reconoce lo que la otra persona hace bien, en lo que tiene razón o las ideas que te parecen buenas, luego expresa tu desacuerdo o tu molestia. Esto disminuirá las posibilidades de que reaccione de manera violenta.

Acuerdo asertivo. Si te hacen alguna crítica y si te equivocaste, admítelo. Simplemente di "tienes razón, me equivoqué", pero no te sientas mal. Tienes derecho a equivocarte, a cometer errores y a corregirlos.

Utiliza frases en primera persona. Describe lo que sientes, no lo que hacen las otras personas. En lugar de decir "eres un chismoso", prefiere "no me gusta que hables mal de mí".

Comunicación clara. Expresa lo que sientes, lo que te molesta, te asusta o te lastima de manera clara, firme y directa: "me duele que me hables así", "me da mucho miedo ir a ese lugar", "ahora estoy triste, prefiero hablar después".

Comunicación no verbal. A veces decimos algo con palabras y el cuerpo nos contradice, como una disculpa acompañada de un gesto de enojo. Procura proyectar seguridad y amabilidad al expresar lo que sientes y piensas.

¡Participemos!

1. Expongan sus historietas ante el grupo.

2. Con base en la presentación de sus historietas, realicen la siguiente actividad:

- Identifiquen y clasifiquen las principales emociones y reacciones representadas en la tabla.

Emoción	Reacción		
	Violenta	Asertiva	Pasiva
Tristeza			
Enojo			
Miedo			
Alegría			

3. Comenten por qué es importante aprender a expresar sentimientos y emociones sin dañar a las demás personas, sin ponerse en riesgo y sin ocultar lo que sienten.

 Guarden las historietas en el Baúl de Formación Cívica y Ética.

Lo que aprendí

Responde en tu cuaderno las siguientes preguntas:

- ¿Cómo ha cambiado la forma en que expresas emociones y sentimientos ahora que eres más grande?
- ¿Qué puedes hacer para expresar el enojo, el miedo, la tristeza o la vergüenza sin que dañes a nadie y sin ponerte en riesgo?
- Redacta un compromiso personal para fortalecer el manejo de tus emociones y sentimientos de forma asertiva.

 Escribe en tu Anecdotario alguna situación en la que hayas experimentado una emoción muy fuerte o que haya sido difícil de expresar en forma asertiva. Cuenta qué pasó y cómo lograste expresarla sin dañar a alguien y sin fingir o ponerte en riesgo. Si no lo lograste, también narra qué sucedió y qué aprendiste de esa situación.

Podrás aplicar lo aprendido en tus clases de Español.

Vivir conforme a principios éticos

Lo que sé y lo que… opino

1. Observen las siguientes imágenes:

2. En parejas, respondan las siguientes preguntas:

- ¿Qué ocurre en cada escena?
- ¿Cómo afectan a las personas los actos y decisiones de estos niños?
- ¿En qué casos lo que se dice corresponde con lo que se hace?, ¿en cuáles no?
- ¿Cómo afecta a las personas la falta de congruencia?

En esta lección participarás en la elaboración de un decálogo de principios éticos que ayuden a mantener en el grupo una convivencia basada en el respeto.

Para aprender

Palabras claras

Eres congruente cuando actúas de acuerdo con lo que piensas, sientes y valoras. La congruencia se basa en el respeto a los principios y convicciones que orientan tu vida. Por el contrario, dejas de ser congruente cuando permites que te presionen las demás personas o que te dominen los miedos y temores. Para evitar la incongruencia, lo mejor es tener ideas y opiniones claras y expresarlas con palabras y con hechos, sin tratar de quedar bien con nadie más que con nuestros valores.

Las mentiras son actos de incongruencia, porque lo que se dice o hace no concuerda con la verdad.

La libertad de pensamiento, expresión y acción es un derecho humano que cada persona ejerce considerando sus necesidades, gustos, intereses y *principios éticos*. Los principios éticos son valores y criterios que permiten distinguir lo justo de lo injusto, lo correcto de lo incorrecto y lo bueno de lo malo para sí y para las demás personas. Han sido establecidos a lo largo de varios siglos gracias a la lucha que mujeres y hombres han librado para evitar la esclavitud, la desigualdad, el abuso de poder o el trato indigno. Estos principios dieron lugar a los derechos humanos, los cuales deberían orientar la actuación de los gobiernos y las personas.

Cuando una persona toma decisiones a partir de principios éticos y del respeto a los derechos humanos, lo que haga tendrá mayores posibilidades de éxito y establecerá relaciones respetuosas y en favor de la dignidad humana.

54

1. De manera individual, completa las siguientes frases:

VALORES

- Mis principales valores son _____, _____ y _____.
- Los aplico cuando_____.
- Me gustaría que la gente pensara que soy_____.
- Pienso que la gente quiere estar conmigo porque soy_____.
- Voy a tratar a otras personas _____ porque pienso que _____.
- Me gustaría que me trataran _____.
- Me gustaría convivir con gente que _____.
- Si soy congruente, las personas que me rodean sentirán que soy_____
_____.

METAS

- En los próximos años espero lograr _____.
- Cuando sea mayor de edad quiero ser _____.
- Mi principal meta en la vida es _____.
- Para lograr mis metas, ahora tengo que _____.

2. En parejas, comenten su trabajo.

- ¿Qué valores orientan sus actos y decisiones?
- ¿Cuáles son sus metas?
- ¿Qué necesitan hacer para lograr sus metas?
- ¿Cómo piensan que será su futuro?

3. Analicen este esquema.

Principios éticos derivados de los derechos humanos	Valores
	Libertad
Dignidad humana. Trato a las demás personas con respeto e igualdad.	Justicia
	Igualdad
Autonomía. No permito presiones ni que decidan por mí sin tomarme en cuenta.	Legalidad
	Solidaridad
Paz. Respeto las normas y procuro convivir sin violencia.	Equidad
	Respeto
	Responsabilidad
Bienestar. Antes de actuar, pienso en mi bienestar y en el de las demás personas.	Honestidad

- Comenten qué significa cada principio ético y cómo se relaciona con sus valores y sus metas.
- Anoten en su cuaderno un ejemplo de cómo los utilizan para tomar decisiones en situaciones de la vida diaria.

¡Participemos!

1. Consulten lo que contestaron en la actividad anterior y comenten los contenidos del esquema de la página 55.

2. Mediante una lluvia de ideas, con la ayuda de su maestra o maestro, elaboren en el pizarrón una lista de los valores y las metas de su grupo escolar. Guíense por el ejemplo siguiente:

Nuestros valores	Nuestras metas
• Honestidad • Respeto	• Terminar la escuela primaria con buenas calificaciones. • Ser una persona honesta.

3. Analicen si las metas que escribieron se basan en los principios éticos derivados de los derechos humanos. Para hacerlo, comenten lo siguiente acerca de sus metas:

- ¿Respetan su dignidad y la de otras personas?
- ¿Respetan las leyes y normas de convivencia?
- ¿Respetan los derechos de las demás personas?
- ¿Se basan en el buen trato?
- ¿Contribuyen al bienestar común?
- ¿Promueven la paz y la no violencia?

4. Si alguna meta no está basada en los principios éticos de los derechos humanos, realicen lo siguiente:

- Analicen las consecuencias negativas, individuales y colectivas.
- Replanteen estas metas para que respeten la dignidad y derechos de todas las personas.

5. En una cartulina elaboren un decálogo de los valores y principios éticos que orientarán al grupo y que asumirán como guía para la convivencia en el salón; por ejemplo: "Trata a las demás personas como quieras que te traten a ti".

- Ilustren su decálogo con imágenes que fortalezcan la idea de convivencia respetuosa. Utilicen lo que han aprendido en la clase de Español.

6. Peguen su decálogo en un muro del salón y comprométanse a convivir aplicando esos principios.

7. Para profundizar y analizar la importancia de respetar los derechos humanos, realicen las actividades del recurso interactivo "Prefiero decir la verdad", el cual está disponible en el portal: <http://www.basica.primariatic.sep.gob.mx/>.

Consulten también la Declaración Universal de los Derechos Humanos en la biblioteca o en la página de internet de la ONU.

 Guarden una copia del decálogo en el Baúl de Formación Cívica y Ética.

Cuando los principios y las metas personales orientan nuestras decisiones, sentimos satisfacción personal porque no nos hemos traicionado.

Lo que aprendí

1. En parejas, comenten por qué es importante vivir de manera congruente con sus valores, principios y metas.

2. Comenten alguna situación en la que hayan dañado a otras personas o en la que hayan estado en riesgo por no prever las consecuencias de sus actos. ¿Qué pueden hacer para que no vuelva a ocurrir?

En la vida diaria tienes muchas oportunidades de aplicar tus valores para tomar decisiones y convivir de manera respetuosa.

3. De manera individual, escribe en la siguiente tabla qué necesita hacer una persona y qué requiere dejar de hacer para lograr las metas que se indican.

Meta	Hacer	Dejar de hacer
Tener un cuerpo más saludable.	Hacer más ejercicio.	Beber refresco y consumir alimentos con poco valor alimenticio.
Aprobar sexto grado con promedio de nueve.		
Mejorar la comunicación con mi familia.		

 Registra en tu Anecdotario cómo puedes comprometerte a vivir en congruencia con tus valores y metas sin dañar a nadie.

Podrás aplicar lo aprendido en tus clases de Español.

Justicia y equidad en la vida diaria

Lo que sé y lo que... siento

1. Con la coordinación de su maestra o maestro, por equipos, elijan una de las siguientes actividades para realizarla en el patio escolar. El objetivo será completar la misión sin lastimarse, cooperando y apoyándose.

Carrera con costales	Carrera de equipos
Cada equipo contará con un costal y sus integrantes se colocarán en distintos puntos de la ruta de la carrera. Quien inicie la carrera, deberá llegar hasta donde está el siguiente compañero para pasarle el costal, y así hasta terminar. Gana el equipo que llegue primero a la meta.	Quienes integren el equipo deberán tomarse de los brazos para formar un círculo. Sin soltarse, avanzarán hacia la meta cuidando de no caerse; si eso sucede o se separan, deberán regresar al inicio y empezar de nuevo. Gana el equipo que llegue primero a la meta.

2. Cuando hayan seleccionado la actividad, definan las reglas que deben seguir.

3. Un integrante del equipo asumirá el rol de persona con discapacidad motora, auditiva o visual.

4. Lleven a cabo la actividad y al terminar comenten:

- ¿Cómo se sintieron?
- ¿Qué equipos cumplieron el objetivo?, ¿cómo lo lograron?
- ¿Cómo ayudó a cumplir el objetivo la cooperación, la solidaridad y el trato justo y equitativo?

- ¿Qué significa para ustedes la justicia?
- ¿Qué importó más?: ¿el logro personal o formar parte de un equipo?
- ¿En qué situaciones es justo tratar a todas las personas de igual manera y en cuáles no?
- ¿Por qué son importantes la solidaridad, la cooperación, la justicia y las reglas en las actividades individuales y colectivas?

> En esta lección identificarás situaciones justas e injustas en tu escuela y en otros lugares en los que convives. Con tu grupo certificarás espacios justos, equitativos y de buen trato.

Para aprender

Platón, filósofo de la Grecia clásica, define la justicia como dar a cada quien lo que le corresponde. La justicia es un valor que contribuye al bienestar de las personas y a mejorar la convivencia. Cuando se trata a alguien justamente, se respetan sus derechos humanos, por ejemplo, a la libertad de expresión, a la igualdad y a la no discriminación, o a vivir una vida digna.

Si alguien se encuentra en desventaja, lo justo es compensar las desigualdades.

Palabras claras

La justicia se relaciona con la equidad y con la igualdad. La igualdad se refiere al reconocimiento de que todas las personas, sin distinción, tienen los mismos derechos; mientras que la equidad reconoce que deben tener las mismas oportunidades. La justicia implica que el acceso a los servicios públicos sea equitativo; sin embargo, la pobreza, la discriminación y otras condiciones no permiten que esto suceda y dificultan el desarrollo de las personas, así como el ejercicio de sus derechos.

El Estado tiene la obligación de compensar la inequidad para evitar la desigualdad y así avanzar hacia la igualdad de trato y de oportunidades para todas las personas.

1. En parejas, comenten situaciones en las que han recibido un trato justo e injusto en su escuela y en su entorno.

2. Identifiquen:

- ¿Cuáles son las injusticias más frecuentes? ¿Quiénes viven mayores injusticias?, ¿por qué?
- ¿Qué actitudes ayudan a recibir o dar un trato justo y equitativo?
- ¿Qué injusticias son más frecuentes en los juegos en su escuela?
- ¿Por qué son importantes las reglas en los juegos y en la vida diaria?
- ¿Cuáles son los espacios en los que identifican más experiencias de justicia, equidad y buen trato?
- ¿Cuáles son los espacios en los que se discrimina, se trata con injusticia o con falta de solidaridad?
- ¿Qué se debe hacer para aprovechar de manera equitativa los espacios y tiempos y jugar de forma justa?

¿Cómo se distribuye en tu escuela el patio para que jueguen los chicos y los grandes, las niñas y los niños?

3. Para profundizar en el tema, revisen el recurso interactivo "Seamos equitativos" y los cuentos de la serie Kipatla, que tratan sobre distintas formas de discriminación, material que está disponible en <http://www.basica.primariatic.sep.gob.mx/>. Pueden visitar el sitio de internet del Consejo Nacional para Prevenir la Discriminación (Conapred) <http://www.conapred.org.mx>, en el que podrán consultar las secciones "¿Qué es la discriminación?" y "Grupos en situación de discriminación". También allí podrán leer o escuchar los cuentos de la serie Kipatla.

Para convivir es fundamental respetar la ley y los derechos humanos, y aplicar las normas, reglas y leyes. Ya has estudiado en tu curso de quinto grado de Formación Cívica y Ética que las normas jurídicas están escritas en leyes y son obligatorias para todas las personas, como las descritas en la Constitución Política de los Estados Unidos Mexicanos. Cuando estas leyes no se respetan, se aplica una sanción, la cual también debe ser justa, equitativa y apegada a la dignidad humana.

Las leyes y normas son acuerdos para la convivencia que garantizan el respeto a los derechos humanos y ayudan a resolver los conflictos de manera justa. Aunque no estén escritas, como las reglas establecidas en la familia, existe la responsabilidad de respetarlas si son justas y se basan en un acuerdo del grupo que las creó.

Es justo que quienes tienen capacidades diferentes reciban atención y apoyos especiales para aprender y desarrollarse.

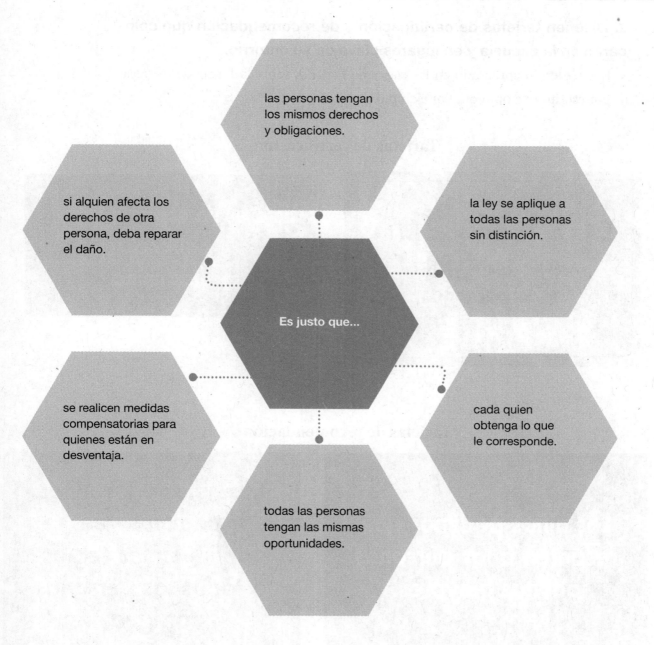

las personas tengan los mismos derechos y obligaciones.

si alquien afecta los derechos de otra persona, deba reparar el daño.

la ley se aplique a todas las personas sin distinción.

Es justo que...

se realicen medidas compensatorias para quienes están en desventaja.

cada quien obtenga lo que le corresponde.

todas las personas tengan las mismas oportunidades.

¡Participemos!

1. En grupo, elaboren una lista de los espacios identificados en la actividad anterior.

- Comenten si se aplica la justicia, se respetan las reglas, se trata de manera equitativa. Por ejemplo: "La tiendita escolar es un espacio injusto porque le venden a los que no se forman", "El salón es equitativo porque el maestro no tiene preferidos y explica con calma a quienes no entienden rápido".

2. Diseñen tarjetas de certificación y de recomendación que colocarán en la escuela y en lugares clave de su entorno.

- Recuerden lo aprendido en las clases de Español sobre la forma de expresar por escrito una opinión. Por ejemplo:

Tarjetas de certificación

Éste es un espacio justo, aquí se respeta a las personas.

Éste es un espacio justo, aquí no se discrimina.

Tarjetas de recomendación

Los niños pedimos que respeten a las personas adultas mayores.

Las niñas y los niños pedimos que apliquen las reglas a todas las personas por igual.

3. Coloquen las tarjetas en la escuela, como se hace en un censo o cuando se inspecciona un lugar.

4. Cuando coloquen las tarjetas de certificación y recomendación en lugares de su entorno, como el parque, la tienda o el mercado, pidan que una persona adulta les acompañe.

Guarden en su Baúl de Formación Cívica y Ética un ejemplo de tarjeta de certificación y otro de tarjeta de recomendación.

Lo que aprendí

Anota en tu cuaderno las razones por las cuales consideras las siguientes acciones o situaciones como justas o injustas:

- Aunque el transporte esté lleno, siempre hay que dejar un asiento libre para las personas adultas mayores, las mujeres embarazadas, las personas con discapacidad o para cualquier persona que lo necesite.
- Queda prohibida la utilización del trabajo de los menores de catorce años. Los mayores de esta edad y menores de dieciséis tendrán como jornada máxima la de seis horas.
- En la escuela secundaria se ofrecen más becas a las niñas que a los niños.
- Los niños que tienen problemas para leer reprueban más y difícilmente terminan la escuela primaria.
- Las niñas casi no pueden jugar en el patio de recreo porque los niños de quinto y sexto ocupan todo el patio.

 Escribe en tu Anecdotario un texto en el que expliques cómo te has sentido cuando te han tratado de manera injusta, cuando no te han ayudado, cuando no se han aplicado las reglas en un juego o cuando alguien no las respeta en tu casa, en la escuela o en la comunidad. Incluye un compromiso personal para respetar las reglas y actuar de forma justa con todas las personas.

Podrás aplicar lo aprendido en tus clases de Matemáticas.

No a las trampas

Lo que sé y lo que… opino

1. En parejas, lean los siguientes datos:

Según el *Estudio sobre corrupción y actitudes ciudadanas 2006*, de las personas encuestadas 93% piensa que la ciudadanía debe participar activamente en el combate a la corrupción. En este mismo estudio, siete de cada diez personas encuestadas dicen que la corrupción daña mucho a México.

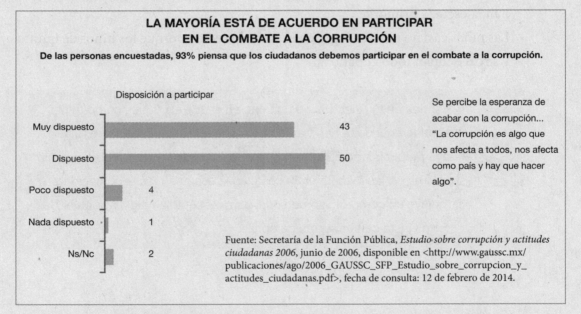

LA MAYORÍA ESTÁ DE ACUERDO EN PARTICIPAR EN EL COMBATE A LA CORRUPCIÓN

De las personas encuestadas, 93% piensa que los ciudadanos debemos participar en el combate a la corrupción.

Disposición a participar

Muy dispuesto	43
Dispuesto	50
Poco dispuesto	4
Nada dispuesto	1
Ns/Nc	2

Se percibe la esperanza de acabar con la corrupción… "La corrupción es algo que nos afecta a todos, nos afecta como país y hay que hacer algo".

Fuente: Secretaría de la Función Pública, *Estudio sobre corrupción y actitudes ciudadanas 2006*, junio de 2006, disponible en <http://www.gaussc.mx/publicaciones/ago/2006_GAUSSC_SFP_Estudio_sobre_corrupcion_y_actitudes_ciudadanas.pdf>, fecha de consulta: 12 de febrero de 2014.

Las personas encuestadas consideran que hay corrupción en México porque la practicamos y la fomentamos. Un estudiante respondió que "la sociedad te va moldeando y se van transmitiendo formas que no son éticas, como la corrupción". Para participar en el combate a la corrupción, una mujer propone "no participar, no permitir que te quieran sobornar. Dejar de fomentarla".

Los jóvenes participantes en la *Encuesta Nacional de Valores en Juventud 2012*, opinan que los problemas más graves de México son la pobreza, el desempleo, la inseguridad y la corrupción.

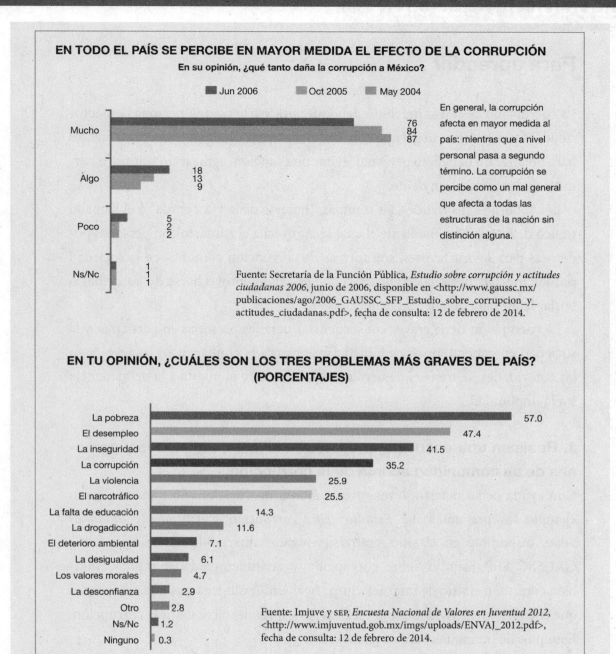

EN TODO EL PAÍS SE PERCIBE EN MAYOR MEDIDA EL EFECTO DE LA CORRUPCIÓN

En su opinión, ¿qué tanto daña la corrupción a México?

■ Jun 2006   ■ Oct 2005   ■ May 2004

Mucho	76 / 84 / 87
Algo	18 / 13 / 9
Poco	5 / 2 / 2
Ns/Nc	1 / 1 / 1

En general, la corrupción afecta en mayor medida al país: mientras que a nivel personal pasa a segundo término. La corrupción se percibe como un mal general que afecta a todas las estructuras de la nación sin distinción alguna.

Fuente: Secretaría de la Función Pública, *Estudio sobre corrupción y actitudes ciudadanas 2006*, junio de 2006, disponible en <http://www.gaussc.mx/publicaciones/ago/2006_GAUSSC_SFP_Estudio_sobre_corrupcion_y_actitudes_ciudadanas.pdf>, fecha de consulta: 12 de febrero de 2014.

EN TU OPINIÓN, ¿CUÁLES SON LOS TRES PROBLEMAS MÁS GRAVES DEL PAÍS?
(PORCENTAJES)

La pobreza	57.0
El desempleo	47.4
La inseguridad	41.5
La corrupción	35.2
La violencia	25.9
El narcotráfico	25.5
La falta de educación	14.3
La drogadicción	11.6
El deterioro ambiental	7.1
La desigualdad	6.1
Los valores morales	4.7
La desconfianza	2.9
Otro	2.8
Ns/Nc	1.2
Ninguno	0.3

Fuente: Imjuve y SEP, *Encuesta Nacional de Valores en Juventud 2012*, <http://www.imjuventud.gob.mx/imgs/uploads/ENVAJ_2012.pdf>, fecha de consulta: 12 de febrero de 2014.

2. Lean la información que se presenta sobre corrupción y respondan en grupo las siguientes preguntas:

- ¿Qué es la corrupción?, ¿qué formas de corrupción conocen?, ¿cómo afecta la corrupción la convivencia?
- ¿Quiénes deben participar en el combate a la corrupción?
- ¿Por qué es importante que las personas asuman la responsabilidad de rendir cuentas y ser transparentes en sus actos?

En esta lección elaborarán una campaña en contra de la corrupción.

Para aprender

La corrupción es el uso indebido del poder por parte de una persona con autoridad, es una práctica ilegal que consiste en entregar dinero, productos o favores para obtener un beneficio personal, evitar una sanción, agilizar un trámite o permitir que se cometa un delito.

Los sobornos, los fraudes, las trampas, "hacerse de la vista gorda" o el llamado tráfico de influencias, mediante el cual se aprovecha el contacto con personas poderosas para lograr favores, son formas de corrupción comunes en la sociedad porque muchas personas consideran que es válido aprovecharse de las demás o burlar la ley para obtener un beneficio.

La corrupción tiene graves consecuencias para las personas en particular y la sociedad en general: provoca injusticia, se pierde la confianza en las leyes y en las autoridades, se frena el desarrollo social y se abre la puerta a la delincuencia y a la impunidad.

1. Realicen una encuesta entre sus familiares, amistades y personas de su comunidad acerca de la corrupción.

Con ayuda de su maestra o maestro, elaboren un cuestionario tomando como ejemplo las preguntas del *Estudio sobre corrupción y actitudes ciudadanas 2006,* disponible en el sitio <http://www.gaussc.mx/publicaciones/ago/2006_GAUSSC_SFP_Estudio_sobre_corrupcion_y_actitudes_ciudadanas.pdf>. También consulten el sitio de internet <http://www.adiosalastrampas.gob.mx/>, en el que encontrarán actividades interactivas para aprender a combatir la corrupción.

Ejemplos de preguntas para su encuesta:

- ¿Qué formas de corrupción has vivido?

  a) Engaños y fraude

  b) Sobornos

  c) Abuso de autoridad

  d) Trampas

- ¿Por qué crees que existe la corrupción? _____

  _____

- ¿Quién crees que es el principal responsable de que exista corrupción?

  a) Gobierno y ciudadanos

  b) Gobierno

  c) Ciudadanos

  d) Ninguno

- ¿Qué haces cuando ves a una persona cometiendo un acto de corrupción?

   a) La denuncio.

   b) Siento coraje, me molesto.

   c) Le digo que está mal lo que hace.

   d) Critico la situación.

   e) Nada, no es mi problema.

2. Apliquen el cuestionario a diez personas por equipo.

Guarden los cuestionarios en el Baúl de Formación Cívica y Ética. En la siguiente clase, organizarán la información obtenida aplicando lo aprendido en Matemáticas.

Las mujeres y hombres que trabajan en el gobierno son servidores públicos. Su sueldo es pagado con recursos de la ciudadanía y, por lo tanto, tienen la obligación de realizar su trabajo de manera honesta y rendir cuentas a la sociedad.

El gobierno y la ciudadanía son responsables de combatir la corrupción. Para lograrlo, todas las personas deben comprometerse a actuar con honestidad y respetar las leyes, así como a vigilar la actuación de quienes trabajan en el gobierno o tienen autoridad frente algún grupo social, para corregir errores y evitar tanto la corrupción como el abuso de poder. La transparencia y la rendición de cuentas son mecanismos con los que cuenta la ciudadanía para realizar esta vigilancia.

La rendición de cuentas es la obligación de las personas que trabajan en el servicio público de informar sobre sus actos y decisiones, sobre los resultados obtenidos y la forma en que gastan el dinero del pueblo. Esto contribuye a que el trabajo de las autoridades se apegue a la ley, procure el bienestar común y responda a las necesidades de la población y no a intereses privados. La transparencia obliga al gobierno a poner a disposición de la sociedad la información necesaria para que cualquier persona pueda vigilar su actuación a fin de prevenir y denunciar actos de corrupción.

Para combatir la corrupción, todas las personas que tienen cierto poder ante los demás deben ser transparentes en su actuación e informar sobre la manera como están cumpliendo su trabajo, aunque no sean empleados del gobierno. De esta forma, la población podrá evaluarlas y vigilar que no utilicen su poder para su beneficio personal.

La oportunidad de aplicar nuestros principios y actuar respetando la ley se presenta de muchas maneras. Nunca dejes que tu decisión te lleve por el camino de la corrupción o el abuso.

¡Participemos!

1. Con ayuda de su maestro o maestra, organicen en grupo los resultados de la encuesta que realizaron. Apliquen lo aprendido en matemáticas para hacer gráficas y calcular porcentajes.

2. De acuerdo con las conclusiones que escribieron, propongan actividades para realizar una campaña contra la corrupción usando recursos como carteles, trípticos, folletos y etiquetas. Utilicen el material que tengan disponible en casa o en la escuela (revistas, periódicos, cartón, recortes de papel, entre otros). Observen un ejemplo en la siguiente ilustración:

3. Cuando tengan lista su campaña, realicen durante uno o varios recreos las actividades que planearon y distribuyan el material entre la comunidad escolar.

74

4. Observen las reacciones y comentarios de las personas durante la realización de la campaña contra la corrupción. Coméntenlas en el grupo.

Lo que aprendí

Respondan en grupo las siguientes preguntas:

- ¿Cómo se siente una persona cuando es engañada por otra?
- ¿Por qué no es válido buscar beneficios personales engañando a otras personas o abusando de su confianza?
- ¿Qué es la corrupción?
- ¿Cuál es la importancia de la transparencia y la rendición de cuentas de quienes trabajan en el servicio público?
- ¿Por qué es correcto denunciar la corrupción?
- ¿Cuál es mi responsabilidad para evitar la corrupción?

 Registra en tu Anecdotario las reacciones ante la campaña contra la corrupción que más te llamaron la atención y explica por qué.

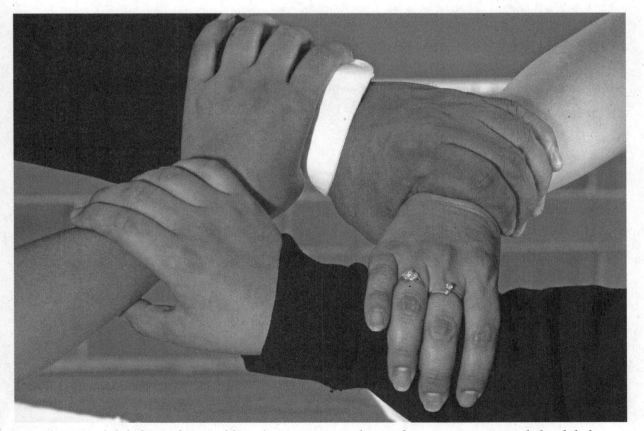

La corresponsabilidad es indispensable para generar un ambiente de justicia y respeto a la legalidad.

Evaluación

1. Lee los enunciados y subraya la respuesta que consideras correcta.

Mariana quiere aprender a nadar, mejorar su ortografía, obtener mejores calificaciones, portarse mejor con su familia y tener más tiempo para salir a jugar.

- ¿Qué debe hacer Mariana para cumplir sus metas y objetivos?
  a) Portarse bien, obedecer a su mamá y a su abuelito y hacer la tarea.
  b) Organizar en una agenda mensual sus metas y esforzarse por cumplirlas.
  c) Hacer las cosas más rápido, cumplir sus obligaciones y estudiar antes de salir a jugar.
  d) No las puede lograr, son muchas cosas, se va a desesperar. Debe pensar en metas más sencillas.

Sebastián quiere ser maestro. Vive con sus abuelos en una colonia muy pobre. No conoció a su papá y su mamá trabaja todo el día. Sebastián no tiene mucho tiempo para estudiar porque ayuda a su abuelo por las tardes. Su tía se rió cuando le contó que quería ser maestro: "No sueñes —le dijo— deberías conformarte con ser jardinero como tu abuelo".

- ¿Qué crees que debe hacer Sebastián?
  a) Cambiar su meta porque no podrá ser maestro.
  b) Cambiar su meta y aprender de jardinería para seguir los pasos de su abuelo.
  c) Conservar su meta y estudiar mucho para obtener una beca.
  d) Buscar a su papá para pedirle dinero para estudiar.

2. Responde en tu cuaderno las siguientes preguntas:

Claudia y Patricia son muy amigas: se quieren mucho y se cuentan todo lo que les pasa, pero Patricia se siente incómoda cada vez que tienen un examen porque Claudia nunca estudia y siempre le pide que la deje copiar.

- ¿Cómo debe Patricia decirle a Claudia lo que siente?

Mariana, Jacobo y Juliana planean ir al parque saliendo de la escuela e invitan a Miguel. Sin embargo, él no quiere ir porque no pidió permiso y no hay manera de comunicarse con su familia. Ante la insistencia de sus amigos, Miguel decide ir. En el camino se tropieza y se tuerce un tobillo: no puede caminar. Mariana, Jacobo y Juliana, en lugar de ayudarlo, salen corriendo.

- ¿Qué otras consecuencias tendrá la decisión de Miguel?

3. Lee los siguientes casos. Explica lo que piensas de cada situación y cómo puede resolverse o evitarse aplicando los principios éticos.

Caso	¿Qué opinas de la situación?	¿Cómo resolverías o evitarías la situación aplicando principios éticos?
La campeona mundial de salto de longitud perdió la medalla de oro porque dio positivo en el uso de sustancias ilícitas.		
Cada vez llegan menos mariposas Monarca a México. Esto se debe a la contaminación y a la tala inmoderada de los bosques de oyamel.		

4. Para aplicar los propósitos en la escuela anota tus compromisos.

Propósitos	Mi compromiso es...
Lograr que nos tratemos con dignidad y respeto.	
Más justicia en la escuela.	
Apoyar a quienes lo necesitan.	
Expresión libre y respetuosa de sentimientos y emociones.	
Igualdad entre niñas y niños.	
Convivir sin violencia.	
Ejercer la libertad con responsabilidad.	
Combatir la corrupción.	
Respetar la normas.	

Los desafíos de las sociedades actuales

Jornada cultural
para todas y todos

En esta lección podrás aplicar lo aprendido
en tus clases de Matemáticas y de Español.

Los desafíos de las sociedades actuales

Lo que sé y lo que... opino

1. Observen las siguientes imágenes:

2. En grupo, mediante una lluvia de ideas respondan las siguientes preguntas:

- ¿Qué problemas sociales se muestran en las imágenes?
- ¿Qué problemas sociales existen en el lugar donde viven?, ¿por qué se originan?, ¿cómo afectan a las personas y a la sociedad?
- ¿Qué acciones realizan la sociedad y el gobierno para prevenirlos y atenderlos?

En esta lección elaborarás una carta de opinión sobre un problema social que se presenta en el lugar donde vives, en México o en el mundo. Dirigirás esa carta a la sociedad, a las autoridades correspondientes o a algún organismo internacional que vele por el cumplimiento de los derechos humanos.

Para aprender

Los problemas sociales son situaciones que dificultan el desarrollo de las personas, de una comunidad y de una nación. Al igual que otros países, México enfrenta diversos problemas sociales como la pobreza, el desempleo, la migración, la inseguridad, la delincuencia, el maltrato y la explotación infantil, entre otros.

Son varias las causas de estos problemas. Veamos el caso de la migración. Es una situación común entre los seres humanos, que ocurre cuando las personas cambian su residencia de manera temporal o definitiva con el propósito de trabajar, estudiar o buscar mejores condiciones de vida. Cuando ocurre dentro del territorio de un país se denomina migración interna; mientras que la que sucede hacia fuera del propio territorio se conoce como migración externa. Se convierte en un problema social cuando el cambio de residencia es motivado por la injusticia, la inseguridad, la persecución o la pobreza. En ocasiones, durante su traslado, las personas migrantes enfrentan peligros, sufren malos tratos y al llegar a su destino encuentran condiciones de vida poco dignas.

México es considerado un país expulsor de migrantes por la cantidad de personas que se van a trabajar a los Estados Unidos de América; pero también es un país receptor, porque es paso obligado de las personas de Centro y Sudamérica que buscan llegar al norte del continente.

En 2013, Las Patronas recibieron el Premio Nacional de Derechos Humanos. Este grupo de mujeres veracruzanas ha alimentado durante 15 años a cientos de migrantes centroamericanos que viajan hacia Estados Unidos a bordo del tren conocido como La Bestia.

Palabras claras

Los seres humanos tienen derecho a vivir en condiciones dignas, que favorezcan su desarrollo personal y el bienestar social. Por ello, la legislación internacional en materia de derechos humanos establece que cada país debe procurar que su población tenga acceso a la educación, la salud, el empleo, la seguridad, la vivienda, el agua potable, los alimentos nutritivos y suficientes, así como velar por el derecho a opinar, participar, organizarse, entre otros.

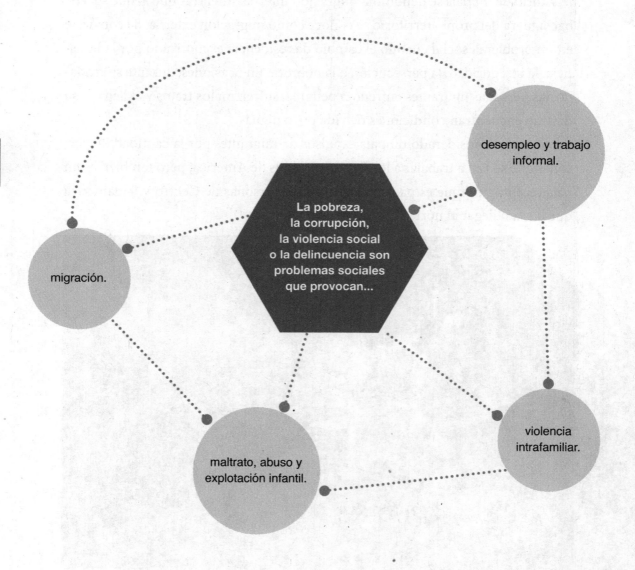

Los problemas sociales forman una red de causas y consecuencias: la presencia de uno favorece que aparezca otro. Por ejemplo, la pobreza causada por el desempleo puede generar migración.

En general, los problemas sociales surgen cuando no se respetan los derechos humanos ni se garantizan las condiciones que la población necesita para vivir dignamente. Un ejemplo de esta condición se observa en el problema de la explotación infantil. Aunque las leyes establecen que los menores de catorce años no deben trabajar, de acuerdo con datos del Instituto Nacional de Estadística y Geografía (Inegi), en México, más de tres millones de niños lo hacen, y casi la mitad de ellos combina el trabajo, las actividades escolares y la realización de quehaceres domésticos. Algunos trabajan en condiciones de explotación, pues sufren abusos y malos tratos; además no reciben un sueldo por su trabajo. La explotación que padecen perjudica su desarrollo, ya que no estudian, ni juegan; tampoco descansan adecuadamente, por lo que su crecimiento se ve afectado. Las causas de este problema son muchas, desde la pobreza hasta la existencia de personas adultas que no valoran ni protegen a los niños.

El maltrato infantil se presenta cuando un niño sufre golpes, abusos, descuido, humillaciones o explotación por parte de las personas adultas que deberían cuidarlo y educarlo. Existen distintos tipos de maltrato infantil y todos ellos ponen en riesgo el bienestar, la salud y la seguridad de quienes lo sufren. El maltrato físico provoca lesiones en el cuerpo, aunque a veces no se vean, y ocasiona un daño emocional; el maltrato psicológico afecta la autoestima y provoca un daño emocional.

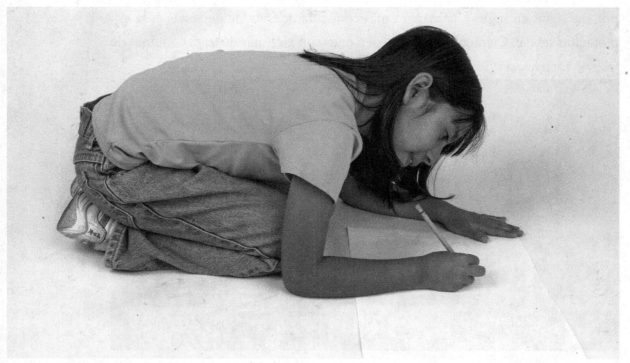

Nadie debe tocar tu cuerpo de manera que te lastime, te haga sentir mal o te avergüence. Exige respeto.

El abuso sexual es otra forma de maltrato infantil. El Sistema para el Desarrollo Integral de la Familia (DIF) lo define como "cualquier tipo de contacto sexual con un menor por parte de un familiar o cualquier adulto, que lo hace con el objeto de obtener su excitación y/o gratificación sexual". Una característica del abuso sexual es que la persona mayor amenaza, presiona, chantajea o seduce al menor para que realice ciertas acciones aprovechando su posición de poder y que el menor es incapaz de evitar, ya sea porque no entiende la naturaleza de la situación o porque se encuentra dominado.

Aunque no exista contacto físico, se considera abuso sexual cuando se hacen comentarios o proposiciones de carácter sexual, se muestran los genitales a un menor, se le obliga a observar actos sexuales o se le presenta pornografía. El abuso sexual con contacto ocurre cuando el adulto toca el cuerpo del menor o lo acaricia con el propósito de excitarlo, excitar a una tercera persona u obtener satisfacción sexual. Cuando se llega a la penetración vaginal, oral o anal se llama violación.

Las leyes protegen a los menores de edad contra delitos sexuales como la violación y el estupro, que es cuando se tienen relaciones sexuales con personas mayores de 12 y menores de 18 años. El comercio sexual es otra actividad ilegal que se relaciona con la pornografía, la prostitución infantil y la trata de personas; es decir, el comercio de seres humanos.

Según la Oficina de las Naciones Unidas contra la Droga y el Delito (UNODC, por sus siglas en inglés), la manera más conocida de trata de personas es la explotación sexual. Cientos de miles de personas son víctimas de trata con fines de trabajo forzoso, servidumbre o mendicidad infantil.

La ONU impulsa la campaña Corazón Azul, contra la trata de personas. El corazón azul representa la tristeza de quienes son víctimas de la trata y recuerda la insensibilidad de quienes compran y venden a otros seres humanos.

84

El maltrato infantil y otras formas de violencia hacia los niños son problemas sociales, porque dañan su dignidad, sus derechos y afectan sus posibilidades de desarrollo. La familia, la escuela y otras instituciones deben velar porque se respeten los derechos de la niñez y reciban amor, alimentos, educación y protección ante distintos riesgos. En nuestro país existen leyes que protegen estos derechos.

1. En parejas, comenten el siguiente caso:

José es un niño indígena de diez años que vende cigarros y dulces en el centro de la ciudad. Un inspector del Ayuntamiento se acercó a José y le dijo de manera violenta que estaba prohibido vender en la vía pública. José no habla español, así que no le entendió; y, como el inspector le gritaba, se asustó y llorando volteó buscando ayuda. El inspector le preguntó que para quién trabajaba. Como José no contestó, el inspector tiró al suelo su mercancía y la revisó; pero luego se llevó dos cajetillas de cigarros.

Recientemente, las organizaciones que trabajan en favor de los derechos de la infancia emprendieron una campaña para evitar la explotación infantil. Se tiene noticia de niños indígenas y migrantes que son obligados a vender diversos productos en la vía pública o a pedir limosna. Las personas que los explotan se quedan con las ganancias.

- ¿Qué problemas sociales identifican en este caso?
- ¿Qué derechos de José no se están respetando?
- ¿Por qué éste es un ejemplo de maltrato infantil?
- ¿Quiénes protegen a la infancia en un caso como éste?

2. Identifiquen diez problemas sociales que existen en el lugar donde viven, en el país o en el mundo.

- Elijan uno y comenten por qué surge, cómo afecta a la población, qué podrían hacer la sociedad y el gobierno para que este problema no se presente.

3. Redacten una carta en la que expongan las causas y consecuencias de ese problema, así como sus propuestas de solución.

- Expliquen lo que podrían hacer los niños, así como lo que corresponde hacer a las personas adultas y a las autoridades.

4. Revisen lo que han aprendido en sus clases de Español acerca de las características que tienen las cartas.

- Para comprender mejor algunos problemas sociales, es recomendable que trabajen con el recurso interactivo "Seamos equitativos", disponible en el portal <http://www.basica.primariatic.sep.gob.mx/>, y que lean el libro de la biblioteca escolar: *No hay tiempo para jugar. Relatos de niños trabajadores,* de Sandra Arenal, México, SEP-Colofón, 2008.

¡Participemos!

1. De manera voluntaria, lean ante el grupo algunas cartas que escribieron.

2. Seleccionen algunas para enviarlas a las autoridades o instituciones correspondientes. Por ejemplo, si se trata de un problema de maltrato infantil, pueden dirigir la carta al Sistema para el Desarrollo Integral de la Familia (DIF) de su localidad. Si las cartas están dirigidas a la sociedad, pueden publicarlas en el periódico escolar, en alguna página electrónica de la escuela (*blog*, redes sociales o sitio web) o las pueden imprimir y pegar en el tablero de avisos de la escuela.

Guarden sus cartas en el Baúl de Formación Cívica y Ética. Las utilizarán en el Bloque IV.

Escribe en tu Anecdotario lo que sientes cuando ves a una persona que no tiene comida, trabajo, un lugar donde vivir o que sufre algún tipo de maltrato o explotación.

Lo que aprendí

Explica qué es un problema social.

• Anota las causas, consecuencias y propuestas de solución de dos problemas sociales (pobreza, maltrato infantil o delincuencia) que se presentan en el lugar donde vives.

_____

_____

_____

_____

_____

_____

_____

_____

_____

_____

_____

_____

_____

_____

_____

_____

_____

_____

_____

Podrás aplicar lo aprendido en tus clases de Español.

Diálogo entre culturas

Lo que sé y lo que… opino

1. Lee la letra de la canción "La lengua", de Gonzalo Ceja.

Tú que vives con estrés y tu porte muy francés
y le mascas al inglés, haces giros japonés
y de la alta sociedad.
Tú te sientes el campeón, estudias computación,
muy de origen español, compras todo en Nueva York.
¡Mira que eres un galán!
Tú hablas náhuatl y ahora te lo voy a demostrar.
Elementos de cocina: molcajete, tecomate, tejolote, malacate, papalote,
ahuehuete, tepetate y comal; metate y petate, sincolote, itacate, chicote,
tepalcate, huazontle y nixtamal; cuate, amate, pizcatl, tameme, temazcal.
Empacho, pepenar, mecate, mecapal, memela, mezquital, pachichi y tamal;
tianguis y copal, tocayo, Juchitán, olote, ameyal, esquites, Mazatlán (Jojutla);
jilote, jumiles, jícara, jicote y jacal.
Frutas y verduras: aguacates y camotes, jitomates y chayotes, cacahuates,
tejocotes, capulines, jícamas; xoconostle, huitlacoche, epazote y quelites, elotes y
zapotes, tomates y nopal; frutas y verduras, todo acomodado en su huacal.
Dónde está tu chante, dime…Tlalnepantla, Metepec, Xochimilco, Tepoztlán,
Calacuaya, Oaxtepec, Texcoco y Cuautitlán; Mixcoac, Coatepec, Tlalpan,
Coyoacán, Coacalco, Tuxtepec, Huehuetoca y Pantitlán; Jalisco, Tlaxcala,
Oaxaca, Zacatecas, Michoacán.

Vamos a ver la fauna: tecolote, ocelote, zopilote, guajolote, ajolote, cacomixtle, totolito y coyote, tlaconete, xoloitzcuintle, ahuizote y cenzontle; tepezcuintle, pinacate, mazatito y mayate (ponte cuauhtli); chichicuilote, mapache, tlacuache y tu nagual.

Vamos a echarnos una machincuepa (una maroma). Cambio de ritmo. Dice Nana, cacle, ne, nene, popote y tajuarín; tata, taco, machote, tapanco y cuchitril; hule, petaca y huapango, tepache y huachichil; tatemar, cogote, tlapalería, cocol, jiote y tejuil.

Saludos Chimalhuacán.

Chipote, chacualal, Chiluca, chitamal, chipotle, chapulín, chapopote, Chichonal, chileatole, chilaquil, chocolate, chiltepín, chachalaca, chicohual, chilpayate, chalchihuitl (no te quedes chitón); chicle, chompiate, chahuistle, chiquihuite, chipilín.

Cempasúchil, tonamil, Xicoténcatl, acocil, ocote, quintonil, atole y topil; Iztaccíhuatl, Zapotlán, Cuauhtémoc, Zacatlán, Cuitláhuac, Meztitlán, pozole y Tultitlán; milpa, mixiotes, mole, mazacuata y Ahuatlán. ¡Cihuatl!

Tonantzin, Nicuipil, Citlalli, chinicuil, nonantzin, jinicuil, pilinqui y otomí; jiquelite, jinipín, toloache, nipiquín, tlachiquero, matlochín, Xóchitl, quesquemitl; tejio, tescuino, tezontle, totopoztle, tejamanil.

No se me achicopalen, ¡vamos!

Matatena pa' jugar, talacha, huascahuar, alcahuete, apapachar, no me vayan a chotear; paliacate, Tizapán, tlacoyo, huizachal, pinole, tinacal, totopo y mezcal; ráscale al tololoche; vente pal' mitote que ya van a empezar a chincualear, mexicatl teahui no te huihui.

Ve qué lenguaje, qué rica es nuestra forma de hablar.

No te hagas huaje, sigue hablando pues lo nacional.

Si quieres escuchar la canción entra a <http://www.gonzaloceja.com/Trova.html>.

2. Subraya en el texto las palabras que reconoces. Después, en grupo, respondan las siguientes preguntas:

- ¿Utilizan estas palabras en la vida cotidiana?, ¿con qué frecuencia?
- ¿Por qué está presente el náhuatl en el español que se habla en México?
- ¿Qué palabras provenientes de otras lenguas utilizan?
- ¿Conocen a alguien que hable una lengua indígena o alguna lengua de otro país?, ¿qué han aprendido de esa persona, por ejemplo, de sus tradiciones, forma de vida, creencias o valores?

3. Si llegara a su localidad alguien que habla otra lengua, con costumbres distintas a las suyas, otras creencias religiosas y viste de manera muy diferente a ustedes, ¿cómo la tratarían?, ¿qué le dirían?, ¿qué le preguntarían?

- ¿Cómo creen que sería el mundo si todas las personas tuvieran las mismas costumbres, creencias, la misma forma de vivir y de pensar?
- ¿Cómo enriquece a los seres humanos la diversidad?

En esta lección prepararán y presentarán en equipo un programa de radio sobre la diversidad cultural en México y en el mundo.

Para aprender

En el mundo se hablan cinco mil idiomas. India es el país con mayor riqueza lingüística; le sigue México. Sin embargo, varias de sus lenguas indígenas están en riesgo de desaparecer. ¿Cómo crees que esta situación se pueda evitar?

El Artículo 2º de la Constitución Política de los Estados Unidos Mexicanos reconoce que México es una nación pluricultural sustentada en sus pueblos indígenas, que son los que descienden de las poblaciones que habitaban en el territorio actual del país al iniciar la colonización y que conservan sus propias instituciones sociales, económicas, culturales y políticas, o parte de ellas.

Según la Declaración Universal de la UNESCO sobre la Diversidad Cultural, es indispensable que entre las personas y grupos de distintas culturas exista voluntad para interactuar y convivir armónicamente. Reconocer la pluralidad es el primer paso para ser una nación intercultural, en la que todas las personas y las culturas logren convivir de manera armónica, con pleno respeto a la diversidad y al derecho a la diferencia.

LA DIVERSIDAD CULTURAL de México

LENGUAS INDÍGENAS NACIONALES

La diversidad cultural es una característica del ser humano. México es un país pluricultural y multiétnico porque en él conviven personas de muchas culturas y de distintos orígenes étnicos, como los pueblos indígenas o las personas que han migrado de otros países. Fuente: <http://www.culturaspopulareseindigenas. gob.mx/cp/index.php?option=com_content&view=article&id=288&Itemid=113>.

Palabras claras

Cuando en una sociedad se valora la pluralidad de lenguajes, formas de vivir, creencias, creatividad y otras expresiones de la diversidad, además de que se establecen relaciones equitativas, igualitarias y justas entre personas y grupos, tiene lugar el diálogo intercultural. Éste se define como el intercambio respetuoso entre las culturas, basado en la confianza, en la eliminación de prejuicios, en el reconocimiento de que todas las personas son distintas, pero iguales en dignidad y derechos, así como en la capacidad de aprender de los demás. No se puede establecer un diálogo intercultural cuando las personas y los pueblos no se consideran iguales, cuando se discrimina, se excluye o se trata de dominar.

1. En equipos, lean las presentaciones de los niños de las imágenes. Consulten en el diccionario las palabras que no conocen.

92

Mi nombre es Moussa y vivo en Senegal, un país que se encuentra en la parte occidental de África. Nuestro idioma oficial es el francés, aunque también hablamos wólof. Nos gusta mucho bailar y yo estoy aprendiendo a tocar un tambor que se llama jembé. Mi país es uno de los más pobres, no hay muchas escuelas ni médicos, ni hospitales, pero cultivamos el mejor maní (cacahuate) del mundo y tratamos de vivir en paz.

Hola, soy Jofranka y soy gitana. Mi nombre significa "libre". Vivo en España. El día 8 de abril celebramos el Día Mundial del Pueblo Gitano lanzando flores a un río, también encendemos velas en memoria de nuestros antepasados, en especial de los que sufrieron por el odio y el rechazo de otras personas que no entienden nuestras costumbres.

Yo vivo en China. Me llamo Wu Yong, pero a diferencia de ustedes mi apellido es Wu y mi nombre es Yong. Mi familia es muy unida y nos gusta seguir con las tradiciones de nuestro pueblo. Por ejemplo, celebramos los cumpleaños comiendo largos tallarines que simbolizan el deseo de una larga vida para el festejado. Tomamos el té todos los días y nos gusta muy caliente. Somos un pueblo de muchas costumbres, pero la que más me gusta es la celebración del año nuevo que es en febrero. Ese día se encienden faroles de papel. A los niños nos dan un sobrecito rojo con dinero.

Mi nombre es Maywa y significa "violeta". Vivo en Puno, Perú y pertenezco al pueblo quechua. Mi ciudad es muy bonita porque está al lado del lago Titicaca, por eso muchos turistas vienen a visitarla. Mi familia se dedica a criar alpacas, un tipo de camello del que se saca una lana muy fina. Me gustan las tradiciones de mi pueblo, especialmente la fiesta del día de La Candelaria y la Diablada Puneña, que es un baile en el que las personas se visten con trajes brillantes para representar la lucha del bien contra el mal.

Yo soy Yamila y vivo en Afganistán. Mi pueblo ha pasado momentos muy difíciles por las guerras. Somos hospitalarios y cuando saludamos decimos *assalamu alaikum* que significa "la paz sea contigo". Cuando entramos a la casa, acostumbramos quitarnos los zapatos. Las mujeres nos vestimos de tal manera que cubrimos casi todo el cuerpo. Las mujeres y los hombres no se tocan ni se ven a los ojos a menos de que sean familiares. Me gusta el festejo del *novruz* o año nuevo que celebramos cuando inicia la primavera porque promueve la paz, la solidaridad y la reconciliación entre familias y pueblos.

Yo soy _____

y vivo en _____

_____

_____

_____

_____

_____

2. En el círculo en blanco pega una foto tuya o dibuja tu rostro y escribe dónde vives, qué significa tu nombre o por qué lo eligieron, a qué se dedican las personas en tu comunidad y cuál es la tradición que más te gusta. Imagina que niños de otras culturas leerán lo que escribes.

3. Muestra tu descripción a tu equipo y comenten:

- ¿Qué les pareció interesante de la cultura de los niños de las imágenes del libro?
- ¿Qué semejanzas y qué diferencias identifican entre ustedes y ellos?
- Si pudieran entrevistar a niños de otros lugares, ¿qué les preguntarían?
- ¿Qué pueden aprender de otras formas de vivir?

4. Planeen cómo harán su programa de radio sobre la diversidad cultural en México y en el mundo.

- Consulten en su libro de Español cómo se realiza un programa de radio y apliquen lo que han aprendido sobre los guiones de radio. Deberán incluir:

Una nota informativa sobre las costumbres, tradiciones y formas de ser de las personas que vivimos en México.	Pueden consultar las secciones *Los pueblos indígenas* y los videos de la serie *Ventana a mi comunidad*, en la página de la Comisión para el Desarrollo de los Pueblos Indígenas en <http://www.cdi.gob.mx/>, y los mapas sobre la cocina mexicana y el arte popular mexicano en <http://www.culturaspopularesindigenas.gob.mx>. Se recomienda leer el libro de la biblioteca escolar: *De camino a la escuela*, de Anne Bouin, México, Ediciones SM, 2006.
Un reportaje sobre el respeto a la diversidad cultural.	Consulten en diccionarios y enciclopedias qué es la tolerancia y por qué es importante el respeto a la diversidad cultural.
Una entrevista a alguna persona adulta de la comunidad sobre la importancia de valorar la diversidad cultural .	Pueden preguntar cuáles son las costumbres y tradiciones más importantes en México, qué costumbres conocen de otros países, qué podemos aprender de otras culturas, qué nos hace distintos a las personas de otros países y culturas, en qué nos parecemos, qué pasa cuando no respetamos el derecho a pensar, ser, creer y actuar de distintas formas.

5. Con apoyo de su maestra o maestro, elaboren la nota informativa, el reportaje y la entrevista.

6. Cuando tengan todo listo, determinen quién conducirá el programa y quiénes presentarán la nota informativa, el reportaje y la entrevista.

7. Preparen su programa para presentarlo en la siguiente clase.

La diversidad cultural es patrimonio de la humanidad porque es fuente de aprendizaje mutuo y favorece la creación de nuevas expresiones culturales en ámbitos como la música, el arte popular o la gastronomía. Además, la diversidad cultural es un medio para lograr el desarrollo de las personas y los pueblos.

Aceptar la diversidad es respetar la dignidad humana, reconocer los derechos humanos universales y las libertades fundamentales de los demás. También significa ser respetuosos y reconocer que nadie debe imponer sus ideas porque las personas tienen derecho a conservar su cultura.

Para valorar la diversidad cultural se requiere tolerancia, la cual consiste en el respeto, la aceptación y el aprecio de la diversidad de las culturas de nuestro mundo, de nuestras formas de expresión. La fomentan el conocimiento, la actitud de apertura, la comunicación y la libertad de pensamiento, de conciencia y de religión (Artículo 1º de la Declaración de principios sobre la tolerancia de la UNESCO).

¡Participemos!

1. Con la coordinación de su maestra o maestro, acondicionen el salón para presentar los programas de radio. Acuerden los turnos para presentar los programas.

2. Al concluir las presentaciones, comenten:

- ¿Cómo enriquece a la población el reconocimiento de la diversidad en las formas de vivir, pensar, sentir e interpretar la realidad en México y en el mundo?
- ¿Qué sucede cuando no se respeta la diversidad cultural?
- ¿Qué deben hacer la sociedad y el gobierno para proteger la diversidad cultural?

La convivencia intercultural se logra cuando en las relaciones cotidianas se valoran las diferencias, se aprende de las distintas formas de vivir y se evita discriminar a quienes son, piensan o actúan de manera diferente.

Anota en tu Anecdotario si con las actividades que realizaste en esta lección cambió tu forma de pensar sobre otras personas que son distintas o tienen costumbres diferentes a las tuyas.

Lo que aprendí

1. Lee las siguientes frases y marca con una (✓) Sí o No, según lo que haces o harías en la situación planteada.

	Sí	No
Convivo con personas diferentes a mí.		
Cuando estoy ante una persona que tiene otras creencias religiosas la respeto y trato de conocer lo que piensa.		
Defiendo el derecho de todas las personas a ser, pensar y creer en lo que les parezca mejor.		
Cuando platico con personas que tienen otras tradiciones y costumbres trato de entenderlas y aprender de su cultura.		
Trato de manera digna a las personas que tienen un origen étnico distinto al mío.		

2. Anota dos puntos por cada Sí y un cero por cada No. Suma los resultados que obtuviste. Si tienes uno o más ceros, reflexiona lo que puedes hacer para mejorar tu capacidad de convivir en la diversidad.

En esta lección, podrás aplicar lo aprendido en tus clases de Español.

Humanidad igualitaria sin racismo

Lo que sé y lo que... opino

1. En parejas, lean lo que le pasó a Ali Roxox.

En noviembre de 2013, la persona encargada de un café le negó a Ali Roxox, estudiante de doctorado del Centro de Estudios Superiores de México y Centroamérica (Cesmeca), de la Universidad de Ciencias y Artes de Chiapas (Unicach), la entrada porque pensó que Ali quería vender algún producto. Ella pertenece al pueblo maya k'iche' de Guatemala y viste siempre con ropa tradicional.

2. Comenten lo que opinan de este caso.
- ¿Qué opinan de la actitud de la persona encargada del establecimiento?
- ¿Por qué creen que actuó así?
- ¿Qué hubieran hecho ustedes en el lugar de Ali?

3. Respondan lo siguiente:

- ¿Alguna vez han sido maltratados, ignorados o les han negado un derecho debido a su género, origen étnico, edad, apariencia física, creencias o capacidades?, ¿qué sintieron?, ¿qué hicieron?
- ¿Han discriminado a alguna persona?, ¿por qué lo hicieron?, ¿cómo pueden evitar discriminar?

En esta lección elaborarán en equipo un periódico mural sobre situaciones cotidianas de discriminación y racismo. Incluirán sus críticas a estas actitudes y darán algunas propuestas para combatirlas en su entorno.

Para aprender

Cuando las diferencias se destacan negativamente tiene lugar la discriminación. Eso sucedió durante la época de la Colonia, cuando el sistema de castas clasificaba a las personas según su origen.

La discriminación es un acto de negación de derechos en el que no se respetan la igualdad ni la dignidad humana. Consiste en excluir, agredir u ofender a las personas por su edad, apariencia, sexo, condición social o económica, orientación sexual, ideas o creencias, con el fin de lastimarlas, tratarlas como si valieran menos o segregarlas. Generalmente se discrimina porque los prejuicios hacen pensar que quienes tienen ciertas características son personas malas, peligrosas o inferiores, y que hay personas o grupos que son superiores. Estas ideas de inferioridad y superioridad son apreciaciones falsas que se aprenden y, por lo tanto, pueden ser cambiadas si se comprende que todas las personas y todos los pueblos son igualmente valiosos y ninguno es superior o mejor que otro.

Para prevenir la discriminación, es preciso valorar la dignidad de todas las personas y apreciar las diferencias como una oportunidad de aprender, no como una razón para excluir o maltratar.

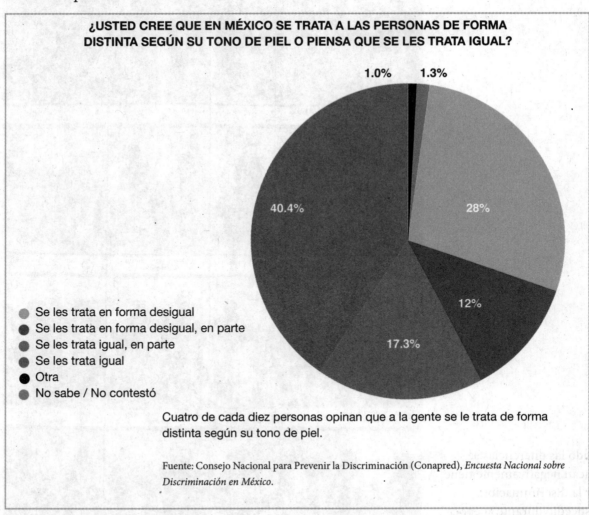

¿USTED CREE QUE EN MÉXICO SE TRATA A LAS PERSONAS DE FORMA DISTINTA SEGÚN SU TONO DE PIEL O PIENSA QUE SE LES TRATA IGUAL?

1.0% 1.3%

40.4%

28%

12%

17.3%

- Se les trata en forma desigual
- Se les trata en forma desigual, en parte
- Se les trata igual, en parte
- Se les trata igual
- Otra
- No sabe / No contestó

Cuatro de cada diez personas opinan que a la gente se le trata de forma distinta según su tono de piel.

Fuente: Consejo Nacional para Prevenir la Discriminación (Conapred), *Encuesta Nacional sobre Discriminación en México.*

Considerar que las personas son inferiores o superiores por el tono de piel es uno de los prejuicios más arraigados en la sociedad.

Palabras claras

En quinto grado estudiaste que el *racismo* es la creencia que tienen algunas personas de que existen razas superiores y que quienes pertenecen a ellas heredan sus características físicas, inteligencia, habilidades, gustos y comportamientos. Esta idea ha dado lugar a la discriminación racial, que es cualquier forma de exclusión, maltrato o distinción a causa del origen étnico, el color de piel o la cultura. La ciencia ha demostrado que no hay diferencias fisiológicas entre las personas por el tono de su piel o su origen étnico, e incluso se dice que no es correcto hablar de razas entre las personas porque independientemente de las características físicas, todos los seres humanos son parte de la misma especie y todos tienen la misma dignidad y derechos.

Rosa Parks (1913-2005) pasó a la historia porque en 1955 tomó asiento en la parte delantera de un autobús (que estaba reservada para las personas anglosajonas) y se negó a cambiarse a los asientos de atrás. En ese tiempo, las personas afrodescendientes eran consideradas inferiores. Fue encarcelada por ese hecho, el cual se considera uno de los detonantes del movimiento por los derechos civiles en Estados Unidos de América.

A lo largo de la historia universal, la idea de que las personas tienen ciertas capacidades, distintos valores y derechos debido a su origen étnico o sus creencias, ha dado lugar a situaciones de persecución, exterminio y dominación, las cuales, en la actualidad, se consideran crímenes contra la humanidad. Ejemplo de ello es la ideología nazi en la Alemania de mediados del siglo xx. Hitler y sus seguidores planteaban la supuesta superioridad y pureza de la raza aria, a la que creían pertenecer. Suponían que debían aniquilar a las razas inferiores porque eran una amenaza. La población judía fue el principal objetivo de las acciones de persecución y exterminio durante la Segunda Guerra Mundial.

Muchos conflictos armados han sido motivados por la lucha entre grupos étnicos por mantener el poder sobre cierto territorio. En la imagen, conflicto en Sudán del Sur, África.

El racismo suele lastimar física y emocionalmente a las personas e incluso poner en riesgo sus vidas. Aunque es reconocido como un error afirmar que los valores de una cultura son los únicos válidos, o que las personas con ciertas características son superiores a las demás, en México y en el mundo aún se enfrentan desafíos para lograr una convivencia respetuosa y comprender que todos los seres humanos somos iguales en dignidad y derechos.

Uno de estos desafíos es la capacidad de aceptar y valorar a quienes provienen de otras regiones e incluso de otros países. Esto ayudará a combatir la *xenofobia*, una forma de discriminación que se caracteriza por el desprecio, el trato hostil y el rechazo hacia las personas extranjeras. Los migrantes sufren con frecuencia este tipo de discriminación. Para enfrentar éste y otros desafíos, en México se han promulgado leyes y se han creado instituciones que previenen y combaten todas las formas de discriminación.

Constitución Política de los Estados Unidos Mexicanos

Artículo 1°
En los Estados Unidos Mexicanos todas las personas gozarán de los derechos humanos reconocidos en esta Constitución y en los tratados internacionales de los que el Estado Mexicano sea parte, así como de las garantías para su protección. Su ejercicio no podrá restringirse ni suspenderse.

Todas las autoridades tienen la obligación de promover, respetar, proteger y garantizar los derechos humanos. Está prohibida la esclavitud en los Estados Unidos Mexicanos. Los esclavos del extranjero que entren al territorio nacional alcanzarán, por este solo hecho, su libertad y la protección de las leyes.

Queda prohibida toda discriminación motivada por origen étnico o nacional, el género, la edad, las discapacidades, la condición social, las condiciones de salud, la religión, las opiniones, las preferencias sexuales, el estado civil o cualquier otra razón que atente contra la dignidad humana y tenga por objeto anular o menoscabar los derechos y libertades de las personas.

Ley Federal para Prevenir y Eliminar la Discriminación

Consejo Nacional para Prevenir la Discriminación (Conapred)

1. Con apoyo de su maestra o maestro, en grupo organicen una investigación colectiva sobre discriminación y racismo.

- La información que obtengan, podrán publicarla en un periódico mural. Organicen cuatro equipos de trabajo. Distribuyan las tareas de la siguiente forma:

	Equipo 1	Equipo 2	Equipo 3	Equipo 4
Investiguen	Dos casos de discriminación en su comunidad. Pueden buscar información en periódicos, noticiarios, internet; consulten en el portal <http://www.basica.primariatic.sep.gob.mx/> los recursos interactivos "Y yo, ¿discrimino?" y "Caminemos juntos".	Sobre la abolición de la esclavitud y la lucha por los derechos civiles en Estados Unidos de América; la lucha contra el *apartheid*, y el confinamiento de pueblos originarios en Norteamérica.	Acerca de la discriminación que sufren en México y en el mundo las personas migrantes; la discriminación que padecen los refugiados debido a guerras en su lugar de origen; la discriminación que sufren quienes son víctimas de persecución religiosa o política, o la discriminación que padecen los pueblos indígenas.	Las biografías de tres personajes. Elijan entre Martin Luther King, Miguel Hidalgo, Rosa Parks, Malcom X, Nelson Mandela, Gandhi, Gilberto Rincón Gallardo y Rigoberta Menchú. Las instituciones, leyes y acciones que existen en México para combatir la discriminación.
Redacten En una hoja o en media cartulina y expongan los temas investigados. Incluyan imágenes.	Los casos y un texto en el que expliquen por qué la discriminación lastima a las personas y afecta la convivencia.	Un texto en el que expliquen por qué el racismo es inaceptable para la convivencia.	Un texto que exponga críticas a las prácticas o ideas que promueven la intolerancia y atentan contra la dignidad humana.	Un texto en el que expresen su opinión sobre la lucha contra el racismo y la discriminación.

2. Para profundizar en el tema y aprender más sobre las formas de evitar la discriminación, lee los cuentos de la serie Kipatla, en los que encontrarás historias sobre distintos tipos de discriminación.

- Están disponibles en el portal <http://www.basica.primariatic.sep.gob.mx/> y en el sitio del Conapred <http://www.conapred.org.mx/index.php?contenido=listado_kipatlas&id_opcion=507&op=507>.

¡Participemos!

1. Con la coordinación de su maestra o maestro, organicen el periódico mural.

- Presenten en orden cronológico los temas investigados por los equipos.
- Elijan las biografías y los casos de discriminación que incluirán en el periódico mural.

2. Armen el periódico mural y colóquenlo en la pared de la entrada del salón.

3. Organicen brigadas para explicar a sus compañeros de otros grupos el trabajo que realizaron.

- Revisen y comenten los periódicos que hicieron en otros grupos.
- Comenten qué retos existen en México y en el mundo para lograr la fraternidad entre los pueblos y la igualdad entre los seres humanos.

Para prevenir y combatir la discriminación, revisa tus actitudes: ¿cómo tratas a las personas que tienen un origen étnico, creencias o costumbres distintas a la tuyas?, ¿cómo tratas a quienes vienen de otras localidades?

 Anota en tu Anecdotario lo que más te haya llamado la atención de la actividad que realizaron por equipos.

Lo que aprendí

De manera individual, redacta una frase contra la discriminación. Coméntala en grupo. Escribe la versión final de tu frase en una hoja y decórala. Siguiendo las indicaciones de su maestra o maestro, colócala en algún espacio de la escuela para que otras personas la lean, como en los baños, las escaleras o la entrada de tu salón.

Podrás aplicar lo aprendido en tus clases de Ciencias Naturales y Geografía.

Desarrollo sustentable

Lo que sé y lo que... opino

1. Observa las siguientes imágenes:

La población total del mundo en 2014 se calcula en 7.2 mil millones de personas; 50% habita en zonas urbanas (ONU).

La escasez de agua obliga a las personas a almacenarla en cubetas o tambos, lo que incrementa la insalubridad y puede generar enfermedades como la diarrea y el paludismo.

ONU: Organización de las Naciones Unidas (Perspectivas de la población mundial), (Cambio climático).
PNUMA: Programa de las Naciones Unidas para el Medio Ambiente.
BM: Banco Mundial. Indicadores de desarrollo mundial.
OMS: Organización Mundial de la Salud.
Oxfam: Comité de Oxford de Ayuda contra el Hambre.

En 2013, 31 125 especies de mamíferos, 12 670 de plantas y 6 404 de peces se encontraban en peligro de extinción. En esa lista de alerta se encuentran el tigre, el oso polar, los pingüinos Magallanes, la vaquita marina y la mariposa monarca (BM).

La contaminación atmosférica por dióxido de carbono ha aumentado en más de 30% desde la revolución industrial. El transporte y la producción de energía son las actividades más contaminantes (OMS).

La deforestación provoca 20% de las emisiones de gases de efecto invernadero. En 10 años, el mundo perdió más de 1% de área selvática (ONU).

Anualmente, cerca de 120 millones de personas están expuestas a ciclones tropicales. El incremento en la intensidad de estos fenómenos se relaciona con el cambio climático asociado a la contaminación ambiental (ONU).
Según la Oxfam, en 2015 alrededor de 375 millones de personas podrían ser víctimas de desastres relacionados con el clima.

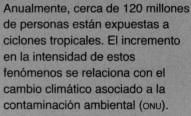

Los desechos de las fábricas y las ciudades han contaminado con sustancias químicas altamente nocivas las aguas de ríos y lagunas. Los ríos mexicanos Bravo y Santiago se encuentran entre los más contaminados del mundo (Greenpeace).

Cada año se producen en el mundo entre 20 y 50 toneladas de basura electrónica: teléfonos celulares, computadoras y baterías. Este tipo de desechos contienen sustancias tóxicas, como el plomo de las soldaduras y el cadmio, litio, níquel y mercurio de las baterías (PNUMA).

2. En parejas, respondan las preguntas.

- ¿Qué problemas del planeta se representan en las imágenes?
- ¿A quiénes perjudican estos problemas?, ¿quiénes son responsables de estos daños?, ¿por qué?
- ¿Cómo se pueden resolver?, ¿qué hacemos como sociedad para cuidar el planeta?, ¿qué nos falta hacer?
- ¿Qué consecuencias habrá a corto, mediano y largo plazo si no usamos de manera adecuada los recursos que se obtienen de la naturaleza en México y en el mundo?

> En esta lección harás una campaña con tu grupo sobre el uso sustentable de los recursos y el cuidado del ambiente.

Para aprender

Uno de los mayores desafíos de la humanidad es lograr un desarrollo sustentable. El desarrollo es sustentable cuando se cuida el equilibrio ambiental: es equitativo, no se contamina, se cuidan y ahorran los recursos naturales y se protege la biodiversidad. Se consigue cuando la población satisface sus necesidades sin poner en riesgo la posibilidad de que las generaciones futuras también puedan hacerlo; para lo cual, las personas, las empresas y los gobiernos deben asumir que la supervivencia del ser humano depende del equilibrio ambiental y que cuidarlo es responsabilidad de todos.

Aunque el desarrollo sustentable es un objetivo de la humanidad a largo plazo, cada quien puede contribuir a lograrlo mediante acciones sencillas, como las que se muestran en la infografía de la siguiente página.

Todas las personas podemos contribuir al desarrollo sustentable con pequeñas y grandes acciones.

Reúsa

Recicla

Reduce

Separa la basura inorgánica en plástico, vidrio, metal y papel.

Camina o transpórtate en bicicleta.

Lleva tu bolsa cuando vayas de compras.

Separa la basura orgánica de la inorgánica.

Reciclar 1 000 kg de papel le salva la vida a 15 árboles.

Rellena tu botella de agua.

Tira las pilas y baterías en recipientes cerrados.

Utiliza un vaso de agua para lavarte los dientes.

Una pila puede contaminar 600 000 litros de agua.	Por los plásticos que llegan a ríos y mares mueren 1 000 000 de animales.	Cierra la llave de la regadera mientras te enjabonas.	Reciclar una botella ahorra la energía que necesita un foco de 100 watts para estar encendido 4 horas.

Palabras claras

Para lograr el desarrollo sustentable es necesario asumir la responsabilidad de cuidar y proteger el ambiente, teniendo claro que las acciones que se realizan en la vida diaria pueden impactar a corto, mediano y largo plazo en el mantenimiento de los ecosistemas del planeta. A esto se le llama *conciencia planetaria*. El reto de la humanidad es asumir esa conciencia poniendo los intereses colectivos por encima de los intereses económicos o políticos de personas o grupos.

1. En equipos, realicen una "radiografía de la basura" elaborando una ficha informativa sobre cada uno de los siguientes residuos:

PET, papel, cartón, pañales, latas, pilas o baterías, chicle, colillas de cigarro, latas de refresco, botellas de vidrio y artículos de unicel.

Cada equipo trabaje con uno o dos residuos de acuerdo con las indicaciones de su maestra o maestro. En cada ficha incluyan los siguientes datos:

- ¿De qué recurso natural se obtiene?
- ¿Cuánto tiempo o cuántas veces se utiliza aproximadamente el residuo (la botella, la pila, el papel)?
- ¿En qué se puede reusar o cómo se puede reciclar?
- Si se arroja a la basura, ¿cuánto tiempo tarda en degradarse?, ¿qué daño puede causar al ambiente?
- Si comparan el tiempo de degradación con el tiempo que se usa, ¿es mayor el beneficio o el daño?

2. Consulten el sitio <http://www.uaz.edu.mx/semarnat/cuanto_tarda.html>. También se recomienda revisar el recurso interactivo "Mi proyecto por la Tierra" disponible en el portal <http://www.basica.primariatic.sep.gob.mx/> en el que se explica el problema del aumento de la basura en México y en el mundo; además se proponen ejercicios para que identifiquen acciones positivas y responsables con el fin de conservar y proteger el ambiente.

Áreas naturales protegidas de México

Siete áreas de protección de flora y fauna, como el valle de Cuatrociénegas, en Coahuila.

Treinta y nueve reservas de la biosfera, por ejemplo algunas áreas del alto Golfo de California, la Sierra Gorda de Querétaro o de los Tuxtlas en Veracruz.

Dieciocho santuarios como la playa Ría Lagartos en Yucatán.

Del territorio del país, 13.7% son áreas protegidas.

Especies de peces: 154; plantas: 361 y mamíferos: 101, están en peligro de extinción en México.

Cuatro monumentos naturales, como el Cerro de la Silla en Nuevo León.

Sesenta y ocho parques nacionales, como la Bahía de Loreto en Baja California o el Cañón del Sumidero, en Chiapas.

En 2012, México produjo 42 194 toneladas de basura: papel, cartón, textiles, plástico y metales.

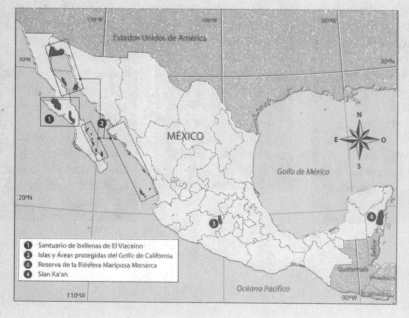

1 Santuario de ballenas de El Vizcaíno
2 Islas y Áreas protegidas del Golfo de California
3 Reserva de la Biósfera Mariposa Monarca
4 Sian Ka'an

Además, México cuenta con cuatro bienes naturales declarados patrimonio mundial por la UNESCO: el Santuario de las ballenas en el Vizcaíno, las islas y áreas protegidas del Golfo de California, el Santuario de la mariposa monarca y la Reserva de la biosfera Sian Ka'an en Quintana Roo.

Vivir en un ambiente sano, equilibrado y seguro es un derecho humano. Esto significa que todas las personas tienen derecho a respirar aire libre de contaminantes, beber agua potable y contar con las materias primas necesarias para satisfacer sus necesidades. Ya has estudiado en Ciencias Naturales que el ambiente natural está formado por agua, aire, clima, temperatura, suelo, relieve, animales, plantas y radiación solar. El ambiente natural es el hábitat de los seres vivos y si se rompe el equilibrio, se pone en riesgo su supervivencia. A los seres humanos les corresponde cuidar los recursos naturales y proteger el ambiente.

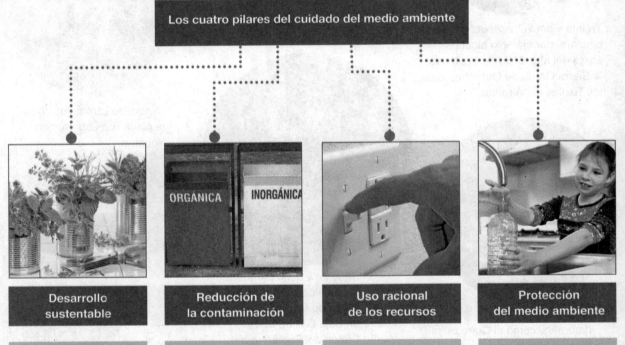

Los cuatro pilares del cuidado del medio ambiente

Desarrollo sustentable	Reducción de la contaminación	Uso racional de los recursos	Protección del medio ambiente
Es el uso y aprovechamiento de los recursos que se obtienen de la naturaleza para producir energía, alimentos y materias primas sin agotarlos procurando que el equilibrio ecológico se mantenga.	Es el compromiso de evitar la producción excesiva de basura al establecer estrategias para reducir, reusar y reciclar los desechos inorgánicos, aprovechar para abono los orgánicos; evitar la emisión de gases y partículas contaminantes del aire, y cuidar ríos, lagunas y mares.	Consiste en el uso moderado y controlado de los recursos naturales, tanto los renovables (flora, fauna, agua y aire) como los no renovables (petróleo o gas natural) para asegurar que se mantenga su cantidad y calidad.	Es el reflejo de la convicción de que el mundo es la única casa que tenemos y que la compartimos con los demás seres vivos; por tanto, nos corresponde asumir la defensa del derecho que tenemos a vivir en un ambiente sano, en el que nos desarrollemos en equilibrio con la naturaleza.

Para profundizar en los contenidos de esta lección, puedes leer los libros incluidos en la biblioteca escolar: *La ballena varada*, de Óscar Collazos, México, SEP-Colofón, 2006; o *Isla Guadalupe. Un lejano tesoro mexicano*, de José Luis Krafft Vera, México, SEP-Pluralia, 2007.

¡Participemos!

1. Expongan ante el grupo sus fichas.

2. Al finalizar la presentación de cada equipo, redacten entre todos una frase que invite al cuidado del ambiente y al uso de recursos naturales con un enfoque de desarrollo sustentable.

3. Revisen el esquema Los cuatro pilares del cuidado del medio ambiente y realicen lo siguiente:
- Comenten qué pasa si en su localidad, en México y en el mundo las personas hacen un uso inadecuado de los recursos naturales.
- Mediante una lluvia de ideas, propongan dos acciones que pueden realizar en su casa, en la escuela y en el lugar donde viven para contribuir al desarrollo sustentable, reducir la contaminación, hacer un uso racional de los recursos y proteger el ambiente.

4. Elaboren carteles para la campaña sobre el uso sustentable de los recursos y el cuidado del ambiente. Incluyan en los carteles la información de sus fichas, así como las frases y propuestas que acaban de definir.

5. Coloquen sus cartulinas en los muros de la escuela y en algunos lugares de su comunidad.

Escribe en tu Anecdotario lo que haces o lo que podrías hacer para conservar el ambiente. También anota qué le dirías a las personas, sociedades y gobiernos para que cuiden el ambiente y los recursos naturales.

Lo que aprendí

Completa el siguiente cuadro sinóptico escribiendo en los recuadros blancos la información que falta:

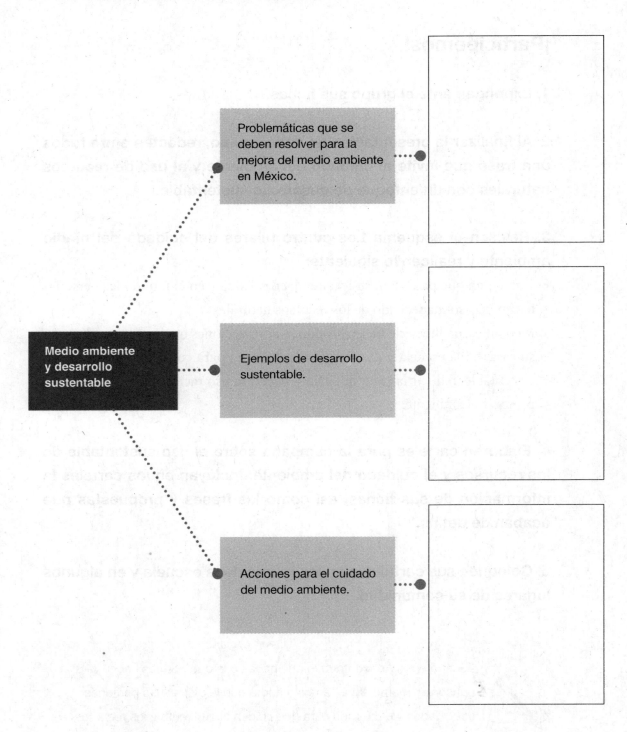

Medio ambiente y desarrollo sustentable

Problemáticas que se deben resolver para la mejora del medio ambiente en México.

Ejemplos de desarrollo sustentable.

Acciones para el cuidado del medio ambiente.

Evaluación

1. Imaginen que participarán como representantes de México en un foro infantil mundial llamado Los desafíos de las sociedades actuales. Deberán llevar un texto con sus ideas y propuestas sobre los problemas sociales, la convivencia intercultural, la lucha contra la discriminación y el desarrollo sustentable.

2. Revisen los trabajos que incluyeron en el Baúl de Formación Cívica y Ética y recuperen sus ideas y propuestas. Utilicen el siguiente formato para redactar su texto.

Los niños de _____, México.

> Escribe el nombre de tu localidad.

Cuestionamos

_____

_____

_____

_____

_____

_____

_____

> Escriban sus críticas a la pobreza, la explotación infantil, el desempleo, la migración, la discriminación, el racismo y el uso inadecuado de los recursos naturales.

Valoramos

_____

_____

_____

_____

_____

_____

_____

> Escriban los principales rasgos de la diversidad cultural de México y la importancia de respetar las distintas formas de vivir, pensar, sentir e interpretar la realidad de personas y grupos en México y en el mundo. También escriban lo que aprecian de las personas y grupos que trabajan para lograr una convivencia respetuosa y cuidar el ambiente.

Proponemos

_____

_____

_____

_____

_____

_____

> Escriban sus propuestas para prevenir y resolver los problemas sociales, para convivir con respeto y sin discriminación y para promover el uso adecuado de los recursos naturales y el cuidado del ambiente.

Los pilares del gobierno democrático

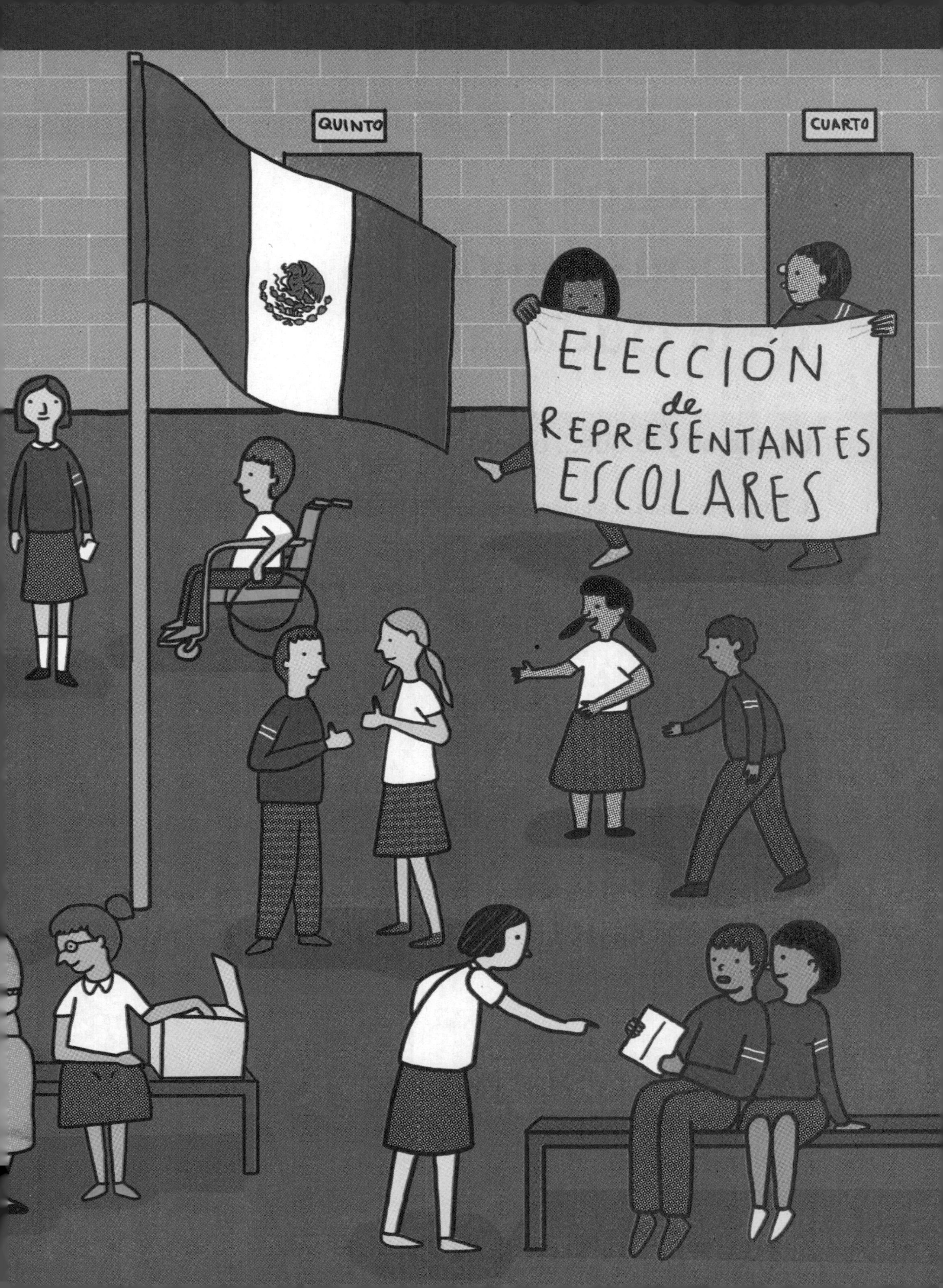
QUINTO
CUARTO
ELECCIÓN de REPRESENTANTES ESCOLARES

Podrás aplicar lo aprendido en tus clases de Historia.

Derechos y responsabilidades de la ciudadanía

Lo que sé y lo que... opino

1. En parejas, lean el siguiente caso:

En mi escuela había un problema de acoso escolar en casi todos los salones. Algunas veces molestaban sólo a un niño o una niña; en otros, a varios les hacían bromas pesadas, les ponían apodos y se burlaban de lo que hacían o decían.

En estos casos es peor guardar silencio. Por eso le contamos a la maestra lo que sucedía y ella habló con la directora, quien reunió a los maestros y las maestras para buscar soluciones. Primero explicaron en todos los grupos las consecuencias del acoso escolar; luego, organizaron una asamblea por grado para conocer nuestras opiniones y experiencias, porque saben que el acoso sucede cuando las personas adultas no lo ven.

Los maestros nos pidieron que presentáramos propuestas para prevenir el acoso escolar. Esto se nos ocurrió:

Organizamos la semana contra el acoso escolar con actividades para aprender a tratarnos bien y comprender que el *bullying* no es un juego ni una broma. Los grupos de sexto grado preparamos una campaña con periódicos murales, folletos y carteles. También colocamos buzones para que los niños que padecieran acoso escribieran su caso en un papelito. Así, las maestras y los maestros se enterarían y podrían hacer algo.

Los grupos de quinto grado escribieron canciones y las presentaron en la escuela. Además, propusieron invitar a las familias para que ayudaran desde la casa.

2. Comenten el caso.

- ¿Qué hubieran hecho ustedes para enfrentar el problema del acoso escolar?
- ¿Qué hacen en la escuela para resolver problemas de este tipo, que son de interés común?
- ¿Cómo ejercen ustedes su derecho a participar en la escuela y en la comunidad? Por ejemplo, para proponer la realización de una actividad, revisar el reglamento escolar, tomar decisiones o resolver un problema de interés común.
- ¿Cómo se relaciona la participación en los asuntos de interés común con el ejercicio de los derechos y las responsabilidades ciudadanas?

En esta lección elaborarán en grupo un plan de trabajo para ejercer los derechos y las responsabilidades como miembros de una comunidad en la escuela y en el entorno.

Para aprender

Un ciudadano reconoce que forma parte de una comunidad y se compromete a mejorarla. Los niños pueden asumir este compromiso.

Al formar parte de una colectividad gozas de la protección de la ley, disfrutas los servicios relacionados con la satisfacción de tus derechos y puedes desarrollar tu potencial gracias a los recursos, apoyos y condiciones que te brindan el gobierno, la sociedad y tu familia. Pero tienes el deber de participar en la atención de asuntos de interés común, de tal manera que contribuyas a mejorar tu entorno. Estos asuntos afectan o benefician a un grupo social. En su atención se deben involucrar tanto la sociedad como el gobierno.

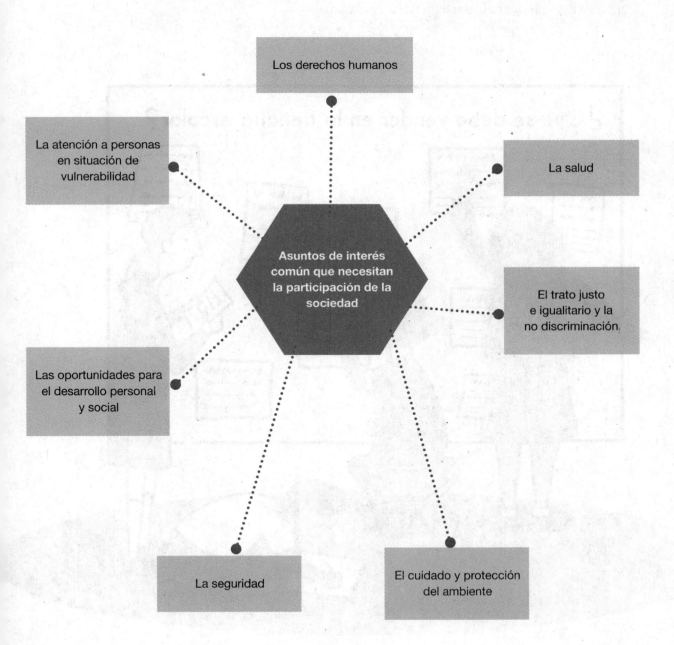

Palabras claras

Participar significa "tomar parte" de las decisiones y acciones que te interesan o que benefician al grupo al que perteneces. Opinar, ayudar en la organización de actividades para el logro de una meta colectiva y votar son algunas formas de participación. Para que sea democrática, la participación se debe realizar mediante las formas que establece la ley y emplear procedimientos como la construcción de consensos o el voto universal, libre y secreto. En la Lección 16 aprenderás más sobre la participación ciudadana.

Los niños pueden participar en asuntos de interés común en su escuela mediante el buzón de sugerencias, el tablero de propuestas, la sociedad de alumnos, el consejo escolar o las asambleas de grupo.

La Constitución Política de los Estados Unidos Mexicanos establece que son ciudadanos mexicanos las personas que tienen 18 años o más y un modo honesto de vivir. También señala sus derechos y responsabilidades, así como los mecanismos para la participación democrática. Se dice que sin ciudadanía no hay democracia, la cual es posible cuando el ciudadano participa en la elección de sus representantes, vigila que los gobernantes realicen bien su trabajo, cumple las leyes, opina, denuncia actos de injusticia, expresa su inconformidad, defiende sus derechos, cumple sus obligaciones, y cuando se organiza para alcanzar metas colectivas y resolver asuntos de interés común.

En cuarto grado aprendiste que los derechos de los niños están establecidos en la Convención sobre los Derechos del Niño (CDN), así como en la Constitución Política de los Estados Unidos Mexicanos. Participar es uno de estos derechos. Al ejercerlo fortaleces tu formación cívica y asumes tus responsabilidades como miembro de una sociedad. No necesitas esperar a tener la mayoría de edad para expresar tus opiniones sobre los asuntos que te interesan o te afectan; para formar parte de alguna organización infantil o estudiantil; para participar en la elección de tus representantes de grupo o en la elaboración del reglamento del salón de clases. Éstas son algunas oportunidades que la familia, la escuela y la comunidad te ofrecen para aprender a participar.

Como puedes ver en las páginas 124 y 125, los derechos y responsabilidades de los niños como integrantes de una colectividad se han enriquecido en México mediante la Ley para la Protección de los Derechos de Niñas, Niños y Adolescentes (LPDNNA). De esta manera, la niñez mexicana fortalecerá sus capacidades y valores ciudadanos al participar activamente en asuntos de interés común y en el mejoramiento de su entorno. Con ello se preparan para asumir los derechos y las obligaciones ciudadanas que establece la Constitución.

Derechos y obligaciones de los ciudadanos de acuerdo con la Constitución Política de los Estados Unidos Mexicanos

Son ciudadanos de la República los varones y las mujeres que, teniendo la calidad de mexicanos, reúnan, además, los siguientes requisitos:
 I. Haber cumplido 18 años, y
 II. Tener un modo honesto de vivir (Artículo 34).

La nacionalidad mexicana se adquiere por nacimiento o por naturalización.

Sus derechos son:

I. Votar en las elecciones populares.

II. Ser votado para cargos de elección popular cubriendo los requisitos que marca la ley.

III. Asociarse individual y libremente para tomar parte en forma pacífica de los asuntos políticos del país.

IV. Tomar las armas en el ejército o guardia nacional para la defensa de la República y de sus instituciones en los términos que prescriben las leyes.

V. Ejercer el derecho de petición.

VI. Ser nombrado para cualquier empleo o comisión del servicio público cuando cumpla las cualidades que señalen las leyes.

VII. Iniciar leyes siguiendo los términos y requisitos que señale la ley del Congreso y la Constitución.

VIII. Votar en consultas populares sobre temas de trascendencia nacional.

(Artículo 35)

Sus obligaciones son:

I. Registrar en el catastro municipal las propiedades que posee. Inscribirse en el Registro Nacional de Ciudadanos.

II. Alistarse en la Guardia Nacional.

III. Votar en las elecciones y en las consultas populares.

IV. Desempeñar los cargos de elección popular de la federación o de los estados, que en ningún caso serán gratuitos.

V. Desempeñar los cargos concejales del municipio donde resida, las funciones electorales y las de jurado.

(Artículo 36)

La ciudadanía debe mantenerse informada para emitir un voto razonado y participar de manera efectiva.

El derecho de las niñas y los niños a participar y asumir las responsabilidades de la vida en colectividad

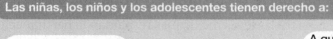

Las niñas, los niños y los adolescentes tienen derecho a:

Expresar libremente su opinión sobre asuntos que les afectan (artículos 12 y 13 CDN; artículos 38 y 41 LPDNNA).

A que se les escuche y que las personas encargadas de tomar decisiones sobre los asuntos que afectan a la infancia tomen en cuenta sus opciones y propuestas (Artículo 12 CDN; Artículo 41 LPDNNA).

Presentar propuestas en todos los ámbitos en los que viven (Artículo 39 LPDNNA).

Asociarse libremente y celebrar reuniones pacíficas (Artículo 15 CDN; Artículo 42 LPDNNA).

La libertad de pensamiento (Artículo 14 CDN; Artículo 36 LPDNNA).

Ley para la Protección de los Derechos de Niñas, Niños y Adolescentes (LPDNNA).

Convención sobre los Derechos del Niño (CDN).

Derecho a la información sobre los asuntos que les afectan y les interesan (Artículo 13 CDN; Artículo 40 LPDNNA).

Niñas, niños y adolescentes tienen los deberes que exige el respeto de todas las personas, el cuidado de los bienes propios, de la familia y de la comunidad y el aprovechamiento de los recursos que se dispongan para su desarrollo (Artículo 9° de la LPDNNA).

Las escuelas deben incluir actividades y mecanismos de participación democrática para su formación ciudadana (Artículo 32 de la LPDNNA).

¡QUEREMOS INFORMACIÓN!

1. En grupo, respondan las siguientes preguntas. Para hacerlo apliquen lo aprendido sobre los derechos y las responsabilidades, utilicen el contenido de la infografía y los conocimientos que han adquirido al ser parte de distintos grupos sociales.

- ¿De qué manera las leyes mexicanas respaldan la participación ciudadana en la vida del país?
- ¿Qué derechos y responsabilidades tienen los ciudadanos en México?
- ¿Por qué es importante que la ciudadanía esté informada sobre los asuntos de interés común?

2. En la infografía de las páginas 124 y 125 se incluye una síntesis de los derechos de participación establecidos en la Convención sobre los Derechos del Niño y en la Ley para la Protección de los Derechos de Niñas, Niños y Adolescentes.

- ¿Qué derechos y responsabilidades deben asumir ustedes como integrantes de una colectividad? Consulten el texto original de ambos documentos, disponibles en <http://www.cndh.org.mx/sites/all/fuentes/documentos/Programas/Discapacidad/Conv_DNi%C3%B1o.pdf> y <http://www.diputados.gob.mx/LeyesBiblio/pdf/185.pdf>.
- ¿Qué relación existe entre los derechos y deberes ciudadanos, y los derechos y las responsabilidades de la niñez como integrantes de una colectividad?
- ¿Cómo se preparan ustedes para participar como ciudadanos responsables?

3. Para iniciar el plan para ejercer los derechos y las responsabilidades como miembros de una comunidad, identifiquen, con la coordinación de su maestra o maestro, algún asunto de interés común en el que puedan participar en su escuela.

- Comenten cuáles son las causas y consecuencias del asunto elegido.
- Planteen una o varias acciones en las que participen para solucionarlo.
- Comenten qué derechos y responsabilidades ejercerían al participar en este asunto de interés común.
- Organicen sus propuestas en un plan de trabajo. Pueden hacer en el pizarrón un cuadro como el de la página 127, en la que se muestra completo un ejemplo.

Plan de trabajo para ejercer los derechos y las responsabilidades como miembros de una comunidad en la escuela y en el entorno

Asunto de interés común en el que queremos participar
Ejemplo: algunos niños molestan constantemente a otros que no pueden defenderse.

¿Por qué es un asunto de interés común? ¿Cómo perjudica el bienestar colectivo? ¿Qué derechos se afectan?
Ejemplo: los niños que sufren el acoso no pueden estudiar, se sienten inseguros y tristes, experimentan daños físicos, sociales y emocionales. Quienes molestan a los demás no fortalecen sus valores, sus habilidades para la convivencia armónica ni su propio bienestar emocional.
Se afecta el derecho a la protección contra toda forma de violencia y a crecer en un ambiente de respeto y buen trato.

Derechos que ejercemos al participar en la atención de este asunto de interés común
Ejemplos:
- A la libertad de expresión.
- A presentar propuestas.
- A organizarnos.
- A que se nos escuche.
- A participar de manera democrática.
- A recibir información de los asuntos que nos afectan.

Responsabilidades que asumimos
Ejemplos:
- Defender los derechos propios y ajenos.
- Rechazar toda forma de violencia.
- Contribuir a la solución de asuntos de interés común.

¿Qué proponemos?	¿Quién lo hará?	¿Cuándo?	¿Qué necesitamos?	¿Qué lograremos?
Ejemplo: discutir el problema en una asamblea de grupo para decidir qué hacer para evitar que unos niños molesten a los demás.	Ejemplo: todo el grupo con el apoyo de su maestra o maestro.	Ejemplo: en la clase de Formación Cívica y Ética.	Ejemplo: información de las causas y consecuencias del acoso y la intimidación. Saber cómo evitar que siga ocurriendo.	Ejemplo: que todo el grupo entienda la importancia de tratarnos bien y evitar la violencia.
Ejemplo: sugerir a la directora que se ponga un buzón para que los niños que sufren abuso se animen a comentarlo.	Ejemplo: una comisión de niños nombrada en la asamblea.	Ejemplo: dos días después de la asamblea.	Ejemplo: información de las causas y consecuencias del acoso y la intimidación. Saber cómo evitar que siga ocurriendo.	Ejemplo: que en la escuela se escuche a los niños que sufren acoso y se haga algo para evitar que siga ocurriendo este problema.

 Guarden su cuadro en el Baúl de Formación Cívica y Ética.

¡Participemos!

Para resolver los problemas que afectan a una comunidad se necesita la participación de las personas que la integran.

1. Con la coordinación de su maestra o maestro, apliquen una de las acciones de su plan de trabajo para ejercer los derechos y responsabilidades como miembros de una comunidad en la escuela y en el entorno.

2. Después de aplicar la acción propuesta, comenten las dificultades que enfrentaron, los resultados obtenidos y lo que aprendieron sobre la participación en los asuntos de interés común.

Anota en tu Anecdotario alguna situación en la que expresaste tu opinión sobre un asunto de interés común. Explica si lo que dijiste fue tomado en cuenta y cómo te sentiste al participar.

Lo que aprendí

Redacta un texto en el que expliques de qué manera ejerces en tu escuela y en tu comunidad los derechos y las responsabilidades que te corresponden como integrante de una colectividad.

_____

_____

_____

_____

_____

_____

_____

_____

_____

_____

_____

_____

_____

_____

_____

_____

_____

_____

_____

_____

_____

_____

_____

Nuestro compromiso con la legalidad

Lo que sé y lo que... opino

1. En equipos, lean el cuento "El país sin punta", de Gianni Rodari.

Juanito Pierdedía era un gran viajero. Viaja que te viaja, llegó una vez a un pueblo en el que las esquinas de las casas eran redondas y los techos no terminaban en punta, sino en una suave curva. A lo largo de la calle corría un seto de rosas y a Juanito se le ocurrió ponerse una en el ojal. Mientras cortaba la rosa estaba muy atento para no pincharse con las espinas, pero enseguida se dio cuenta de que éstas no pinchaban; no tenían punta y parecían de goma y hacían cosquillas en la mano.

—Vaya, vaya —dijo Juanito en voz alta.

De detrás del seto apareció sonriente un guardia municipal.

—¿No sabe que está prohibido cortar rosas?

—Lo siento, no había pensado en ello.

—Entonces, pagará sólo media multa —dijo el guardia, que, con aquella sonrisa, bien podría haber sido el hombrecillo de mantequilla que condujo a Pinocho al País de los Tontos.

Juanito observó que el guardia escribía la multa con un lápiz sin punta y le dijo sin querer:

—Disculpe, ¿me deja ver su espada?

—¡Cómo no! —dijo el guardia.

Y, naturalmente, tampoco la espada tenía punta.

—¿Pero qué clase de país es este? —preguntó Juanito.

—Es el país sin punta —respondió el guardia con tanta amabilidad que sus palabras debían escribirse todas en mayúsculas.

—¿Y cómo hacen los clavos?

–Los suprimimos hace tanto tiempo; sólo utilizamos goma de pegar. Y ahora, por favor, deme dos bofetadas.

Juanito abrió la boca asombrado, como si hubiera tenido que tragarse un pastel entero.

—¡Por favor! No quiero terminar en la cárcel por ultraje a la autoridad. Si acaso, las dos bofetadas tendría que recibirlas yo, no darlas.

—Pero aquí se hace de esta manera —le explicó amablemente el guardia—. Por una multa entera, cuatro bofetadas; por media multa, sólo dos.

—¿Al guardia?

—Al guardia.

—Pero eso no es justo; es terrible.

—Claro que no es justo, claro que es terrible —dijo el guardia—. Es algo tan odioso que la gente, para no verse obligada a abofetear a unos pobrecillos inocentes, se cuida mucho antes de hacer algo contra la ley. Vamos, déme dos bofetadas, y la próxima vez vaya con más cuidado.

—Pero yo no quiero dar ni siquiera un soplido en la mejilla: en lugar de las dos bofetadas le daré una caricia.

—Siendo así —concluyó el guardia—, tendré que acompañarle hasta la frontera.

Y Juanito, humilladísimo, fue obligado a abandonar el país sin punta. Pero todavía hoy sueña con poder regresar allí algún día para vivir del modo más cortés, en una bonita casa con un techo sin punta.

Fuente: Gianni Rodari, *Cuentos por teléfono*, Barcelona, Círculo de Lectores, 2011.

2. Comenten el contenido de la historia a partir de las siguientes preguntas y de las que a ustedes les surjan.

• ¿Qué reglas y sanciones identifican en el país sin punta?, ¿qué opinan de ellas?

• ¿Qué hubieran hecho ustedes en el lugar de Juanito?

• ¿Por qué creen que no estuvo de acuerdo con la sanción impuesta?

• ¿Cómo creen que sea la convivencia en el país sin punta?

3. Ahora piensen en las normas y leyes que existen en el lugar donde viven y comenten lo siguiente. Para responder, apliquen lo que han aprendido sobre las leyes.

- Mencionen cinco leyes que les parecen indispensables para regular la convivencia y proteger los derechos de las personas.
- ¿Cuáles son las consecuencias de que éstas y otras leyes no se respeten?
- ¿Qué deberían hacer la ciudadanía y el gobierno para garantizar el respeto a las leyes?

¿Cómo sería la convivencia social si no tuviéramos leyes e imperara la "ley del más fuerte"?

En esta lección realizarán un diagnóstico de la legalidad en su entorno, con el objetivo de identificar qué normas y leyes se conocen y respetan en la escuela, la casa y la comunidad, cuáles se conocen poco y cuáles no se respetan. Explicarán las consecuencias de la falta de respeto a las leyes y reglas y propondrán acciones para contribuir a que sean respetadas.

Para aprender

Ya has estudiado que las normas son acuerdos de convivencia a los que llega cada grupo social para regular el comportamiento de las personas, para mantener el orden y para lograr que tanto los bienes como la integridad de la población se mantengan a salvo. Debido a que se basan en los valores y en la defensa de los derechos, las normas marcan el tipo de convivencia en una sociedad.

Existen distintos tipos de normas. Las que se aplican en casa generalmente no están escritas y se conocen como normas convencionales o sociales. Las reglas son normas que regulan el comportamiento de las personas en algunos espacios de convivencia como la escuela. Las leyes son normas jurídicas que establecen los derechos y deberes de las personas. Son de aplicación general, lo que significa que toda la población está obligada a respetarlas; por ello, las leyes también establecen sanciones para quienes no las cumplan.

Las normas que se aplican en tu casa contribuyen a mejorar la convivencia familiar.

La cultura de la legalidad es fundamental en las sociedades democráticas. Se aplica cuando la población y las personas que integran el gobierno se comprometen a respetar las leyes; reconocen su importancia para regular la convivencia, proteger la dignidad humana, ejercer los derechos y asumir las responsabilidades ciudadanas; y aplican los procedimientos legalmente establecidos para proponer leyes o modificar las existentes.

Palabras claras

¿Qué pasa cuando no se respetan las leyes? Cuando las personas actúan de manera contraria a lo establecido en la ley se comete un delito, por lo que se debe aplicar una sanción porque su comportamiento afectó los derechos de las demás personas y alteró la convivencia.

Con el propósito de impartir justicia, las sanciones están establecidas en las leyes, y su aplicación depende de la gravedad del daño y de la intención de la persona que lo comete, pues hay delitos que se realizan con plena conciencia y otros ocurren por descuido. Algunas sanciones pueden ser la privación de la libertad (prisión), prohibición de ir a un lugar determinado, multas, reparación del daño o suspensión de funciones para los servidores públicos. En ningún caso la sanción puede ser inhumana o degradante, ya que el hecho de no respetar una ley no justifica el maltrato.

La reparación del daño es un tipo de sanción que consiste en enmendar las consecuencias de los actos o compensar a las víctimas.

1. En grupo, con la coordinación de su maestra o maestro, realicen lo siguiente:

Lean el objetivo del diagnóstico, las fuentes de información sugeridas y los instrumentos para recolectarla. Anoten en el espacio en blanco otras fuentes de información y otras acciones para recolectarla.

Diagnóstico de la legalidad en el entorno	

Objetivo. Identificar qué normas se conocen y respetan en la escuela y en la comunidad, cuáles se conocen poco y cuáles no se respetan.

Fuentes de información.	¿Qué se necesita para recolectar la información?
Estudiantes, profesores y familias.	Identificar las normas que consideramos deben conocer las personas en la escuela y en la comunidad. Elaborar un cuestionario para hacer las entrevistas.

2. Anoten en la columna "Normas" de la siguiente tabla aquellas que les parecen más importantes en la escuela, el salón de clases y la comunidad. Para ello, revisen el reglamento de la escuela, consulten *Conoce nuestra Constitución* y estudien la infografía de la Lección 13 sobre los Derechos y obligaciones de los ciudadanos.

	Normas	¿La conocen?		¿La respetan?		¿La consideran justa?		¿Se aplica una sanción cuando no se respeta?	
		Sí	No	Sí	No	Sí	No	Sí	No
La escuela y el salón									
La comunidad									

3. Una vez completada la tabla, de manera individual realiza lo siguiente:

- Cópiala tres veces.
- Elige a tres personas (alumnos, maestros, directivos o padres de familia).
- Explícales que estás haciendo un diagnóstico sobre el conocimiento y respeto de las reglas y leyes. Entrega una copia de la tabla a cada persona y solicita que responda las preguntas colocando una palomita (✓) en la casilla que consideren.

4. Con la coordinación de su maestra o maestro, cuenten cuántas personas respondieron sí o no en cada caso. Anoten la cantidad en cada casilla. Al terminar, respondan:

- ¿Cuáles son las normas que más se conocen y más se respetan?
- ¿Cuáles se violan con más frecuencia?
- ¿Cuáles se consideran justas y cuáles injustas?
- ¿En qué casos no se aplican sanciones ante el incumplimiento? ¿Cómo afecta esto a la cultura de la legalidad?
- ¿Por qué piensan que algunas no se respetan y cuáles son las consecuencias?
- ¿Cómo pueden contribuir ustedes a que las normas se respeten y las obligaciones se cumplan?

5. En grupo, redacten el Diagnóstico de la legalidad en el entorno, en el que anoten las normas y leyes que se conocen y respetan, las que consideran justas, las que no se respetan, sus conclusiones sobre las consecuencias del incumplimiento de las normas, así como las propuestas para promover su cumplimiento.

En México, el Poder Legislativo se encarga de elaborar las leyes, las cuales deben ser respetadas por el gobierno y la ciudadanía.

Conocer las normas es un primer paso para respetarlas, pero existen otras formas de promover su cumplimiento:

- Comprender que las leyes contribuyen a mejorar la convivencia y garantizan el respeto a los derechos humanos.
- Participar en la revisión de las normas de los grupos a los que se pertenece y cuestionar las que son injustas mediante los procedimientos establecidos.
- Evitar hacer justicia por propia mano.
- Combatir y denunciar la corrupción y el abuso de autoridad.

Por ejemplo, puedes analizar algunas normas, como el reglamento del salón, para conocerlas mejor y proponer cambios o nuevas normas que lo complementen y lo hagan más justo. Luego, podrías realizar el mismo ejercicio con otras normas en tu comunidad, en tu familia y en otros grupos.

¡Participemos!

1. Con la coordinación de su maestra o maestro, analicen en grupo el reglamento del salón. Utilicen la siguiente guía:

Reglas que…	
establecen sus derechos.	
establecen sus obligaciones.	
contribuyen a mejorar la convivencia en el grupo.	
se pueden mejorar para hacerlas más claras y más justas. Escribe un ejemplo.	
Sanciones que se requiere incluir por incumplimiento de las reglas.	

2. Enriquezcan el reglamento del salón con sus propuestas. En caso de que existan situaciones que quieran plantear directamente al director, escriban una carta o soliciten una audiencia.

 Escribe en tu Anecdotario una situación en la que has contribuido a que una norma se respete, a que alguien cumpla sus obligaciones o a que se hagan valer los derechos.

Lo que aprendí

Redacta un texto en el que expliques las consecuencias del incumplimiento de las normas y leyes que regulan la convivencia.

_____

_____

_____

_____

_____

_____

_____

_____

_____

_____

_____

_____

_____

_____

_____

_____

_____

En esta lección podrás aplicar lo aprendido
en tus clases de Historia.

Fortalezas de un gobierno democrático

Lo que sé y lo que… opino

1. De manera individual, lee los siguientes casos:

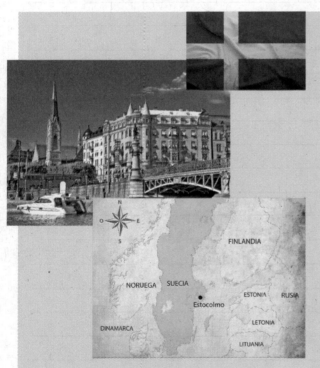

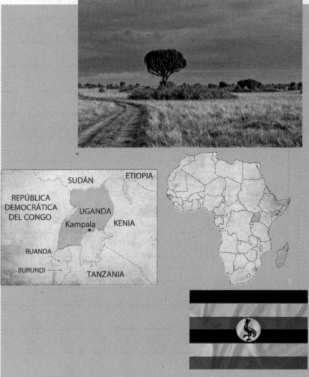

El gobierno de Suecia es una democracia parlamentaria. En este país se aplica el principio democrático de que el poder público emana del pueblo, todas las personas tienen los mismos derechos y oportunidades, participan en referendos y vigilan cómo ejercen el poder los gobernantes.

Quienes viven en Suecia consideran indispensable la libertad de expresión, la participación ciudadana y el respeto a los derechos humanos para la vida democrática.

Uganda vive bajo un régimen autoritario que no toma en cuenta la opinión de la ciudadanía y dicta leyes que van contra los derechos humanos, como considerar la homosexualidad un delito grave que merece pena de muerte.

El actual gobierno censura la libertad de expresión, se relaciona con casos de corrupción y malversación de fondos públicos y prepara al hijo del presidente para ser el sucesor.

2. Aplica lo aprendido en quinto grado sobre la vida y el gobierno democráticos para realizar lo siguiente:

- Identifica cuál de los dos casos anteriores es un ejemplo de gobierno democrático y anota en la tabla los rasgos de la democracia que reconoces.
- Explica por qué el otro caso es un ejemplo de gobierno autoritario.

En un gobierno democrático	En un gobierno autoritario

3. Comenta tu trabajo con el grupo. Entre todos, elaboren una lista donde señalen cinco características del gobierno democrático y las ventajas que éste tiene frente a otras formas de gobierno. Para profundizar, vean el video *¿Cómo son los gobiernos de otros países?* disponible en <http://www.basica.primariatic.sep.gob.mx/>.

En esta lección completarás un mapa conceptual sobre las características de un gobierno democrático y redactarás un texto en el que expliques sus fortalezas.

La división de poderes y la rendición de cuentas son características del gobierno democrático.

Para aprender

México es una república representativa, democrática, laica y federal. Un gobierno democrático tiene las siguientes características:

- El poder proviene del pueblo. La ciudadanía elige a los gobernantes y, en una democracia representativa, elabora leyes y toma decisiones de manera indirecta por medio de sus representantes; además, participa en el control del poder público mediante mecanismos como la rendición de cuentas y la transparencia.

- El poder de los gobernantes está limitado por la ley. Ninguna autoridad pública puede tener el poder absoluto, debe rendir cuentas de sus actos y sólo puede hacer lo que marca la ley. Los cargos públicos son temporales.

- El poder se divide en tres: ejecutivo, legislativo y judicial, los cuales se limitan entre sí y se coordinan para cumplir sus funciones.

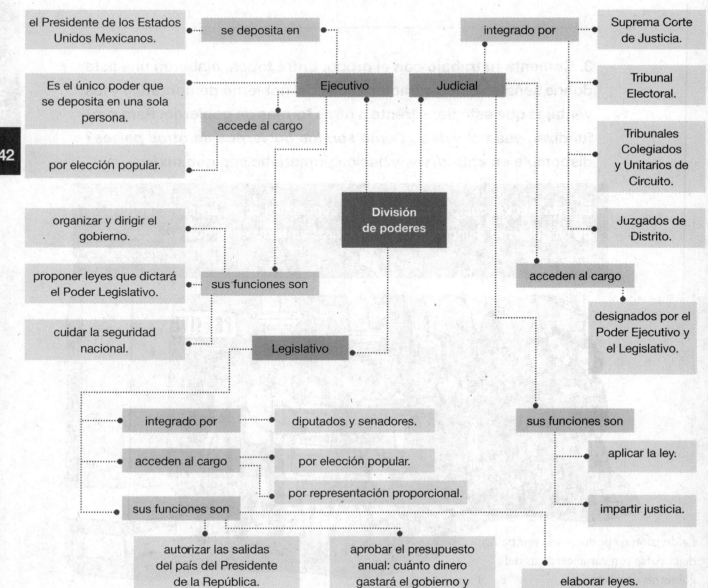

142

Palabras claras

La democracia es mucho más que votar para elegir gobernantes. Es un sistema de gobierno y una forma de vida en la que se procura la satisfacción equitativa de las necesidades, así como el respeto a los derechos humanos. En la democracia se reconocen y defienden los derechos civiles y políticos, como la participación, el voto libre y la libre asociación; los derechos sociales que generan bienestar colectivo; los derechos culturales, como el respeto a la diversidad y la no discriminación, y se promueve la construcción de la paz.

En un gobierno democrático se deben respetar los derechos humanos, y las acciones de los gobernantes deben apegarse a lo que dicta la ley.

1. En equipos, consulten en sus libros de Historia en qué momentos México no fue un país democrático y respondan:

- ¿Cuándo se concentró el poder en una sola persona?
- ¿Cuándo tuvimos una república centralista?
- ¿Cómo eran las elecciones cuando no había un sistema electoral autónomo y confiable?

**2. Describan qué problemas y desafíos enfrentó nuestro país duran-
te esos momentos de la historia.**

- ¿La población estaba conforme o había descontento social?
- ¿Se respetaban los derechos de la población?
- ¿Había paz social?

**3. Consulten cómo se logró transformar estos rasgos antidemocrá-
ticos.**

- ¿Cómo se derrotó la dictadura a principios del siglo xx?
- ¿Cuándo se logró el reconocimiento de los derechos sociales y políticos? ¿En qué documento se plasmaron estos derechos?
- ¿Qué instituciones han sido importantes para fortalecer el respeto al voto?

**4. Expongan al grupo sus trabajos y, al terminar, comenten cuáles
son las fortalezas de la democracia en México y cuáles son sus
desafíos. Consideren los rasgos de la democracia incluidos en el
mapa conceptual.**

En 1953, se reconoció en México el derecho de las mujeres a votar. Las mujeres y los hombres que lucharon por el reconocimiento de este derecho contribuyeron a fortalecer la democracia mexicana.

¡Participemos!

1. En parejas, completen en su cuaderno el siguiente mapa conceptual a partir de lo que saben y opinan sobre la democracia. Para profundizar, pueden consultar los recursos interactivos "Si yo fuera presidente" y "Los poderes de gobierno y la ciudadanía", disponibles en <http://www.basica.primariatic.sep.gob.mx/>; en este portal pueden ver los videos *¿Qué es un ciudadano?* y *¿Cuál es el papel que desempeña?*

2. Con la coordinación de su maestra o maestro, completen en grupo el mapa conceptual. Al terminar, en las siguientes líneas, expliquen cómo contribuye la división de poderes, la legalidad y el respeto a los derechos humanos a fortalecer la democracia.

Anota en tu Anecdotario alguna situación en la que has contribuido a fortalecer la democracia en tu casa, en la escuela o en tu comunidad.

Lo que aprendí

Elabora un texto en el que expliques:

- Las fortalezas de un gobierno democrático.
- Cómo crees que sería tu vida si México dejara de ser democrático.
- Cómo puedes contribuir a fortalecer la democracia en tu país.

Podrás aplicar lo aprendido en tus clases de Español.

Mecanismos de participación ciudadana

Lo que sé y lo que... opino

1. Lee la siguiente historia:

Hoy es un día importante para el municipio de Tomatillo. Todo el pueblo se ha dado cita en la plaza principal porque la presidenta municipal va a inaugurar el mercado de artesanías y el nuevo edificio del Ayuntamiento. Todo ha quedado muy bonito, pero algunas personas cuestionan las obras porque en lugar de resolver el problema de la escasez de agua o la falta de patrullas, la presidenta ha invertido mucho dinero en la construcción del mercado sin tomar en cuenta que en Tomatillo hay pocos artesanos. En cuanto al edificio del Ayuntamiento, quedó muy elegante, pero el anterior funcionaba bien. Un grupo de ciudadanos planea pedir a la presidenta municipal que explique en qué se basó para tomar esas decisiones, cuánto costó cada obra y cómo beneficia a la población.

2. En grupo, comenten el caso y respondan las siguientes preguntas:
- ¿Por qué la ciudadanía tiene derecho a conocer las acciones de los servidores públicos?
- ¿Qué deben considerar los servidores públicos para tomar decisiones?
- ¿A quién deben rendir cuentas las personas que gobiernan?

El poder de las autoridades es limitado; por ello, deben rendir cuentas a la ciudadanía que las eligió.

En esta lección elaborarán por equipos una carta para solicitar información a alguna autoridad (de la escuela, de la comunidad, del municipio o delegación, del estado o del país) sobre las acciones que realiza y las decisiones que ha tomado.

Para aprender

El Artículo 39 constitucional señala que el poder de los gobernantes ha surgido del pueblo soberano y a éste debe servir y rendir cuentas de sus acciones y resultados. Los servidores públicos son las personas que trabajan en el gobierno; por ello, deben realizar sus actividades con transparencia y rendir cuentas de sus actos y de las decisiones públicas a la ciudadanía, por ejemplo, de la manera como gastan el dinero del pueblo y de lo que hacen para lograr el bienestar común. En el siguiente esquema entenderás las características de la transparencia y de la rendición de cuentas.

Características de la transparencia y de la rendición de cuentas

La transparencia y la rendición de cuentas son mecanismos de participación ciudadana que sirven para controlar el ejercicio del poder público.

Son mecanismos establecidos en la Ley Federal del Transparencia y Acceso a la Información Pública Gubernamental.

Anualmente, el presidente de la República, los gobernadores y presidentes municipales deben presentar al pueblo un informe de actividades y resultados.
Todos los servidores públicos deben:
- Presentar su declaración patrimonial en la que informen sobre sus bienes y los de sus familiares cercanos antes, durante y después de llegar al cargo.
- Responder las peticiones de información que realiza la ciudadanía.

Las instituciones públicas deben publicar los nombres de las personas que en ellas trabajan, sus funciones, los servicios que ofrecen, el presupuesto que manejan y los programas de trabajo.

Información confidencial
Algunos datos en manos de los servidores públicos no pueden ser divulgados, por ejemplo, los expedientes médicos, los expedientes judiciales o la información que pueda poner en riesgo la vida de una persona o incluso la seguridad nacional.

Los datos personales también son confidenciales
El nombre, la edad, la ocupación, las cuentas bancarias, los números telefónicos o la historia médica de alguien son datos personales que por ley están protegidos y no deben difundirse sin autorización.

El Instituto Federal de Acceso a la Información y Protección de Datos (IFAI) forma parte de la Administración Pública Federal. Se encarga de promover y difundir el ejercicio del derecho a la información, resolver los casos en que se niega el acceso a la información y proteger los datos personales en poder de las dependencias y entidades.
  Por medio del IFAI cualquier persona puede solicitar información acerca del quehacer público y el uso de los recursos.
  Consulta el apartado del IFAI para niñas y niños en <http://ifaininos.ifai.org.mx>.

Transparencia

Es una condición de los gobiernos democráticos que se comprometen con el respeto al derecho ciudadano a la información.

Es un derecho ciudadano que ayuda a garantizar que los recursos, servicios, bienes y espacios públicos sirvan para atender las necesidades de la población.

Se trata de poner a disposición del público los detalles sobre cómo, cuándo, quién, con qué y para qué se realizan las acciones, programas y proyectos de gobierno.

Sirve para:
- Abrir un canal de comunicación y confianza entre gobierno y sociedad.
- Evaluar las acciones de los servidores públicos.
- Controlar el ejercicio de los recursos.
- Fortalecer la participación social en la toma de decisiones.
- Generar una sociedad más informada y comprometida.
- Evitar la corrupción.

Rendición de cuentas

Es el hecho de informar periódicamente a la ciudadanía, a sus superiores y a los otros poderes los resultados o avances de su trabajo o de los proyectos que tienen a su cargo.
   Es una obligación de todo servidor público.

Se realiza de dos maneras:
a) De los servidores públicos a la ciudadanía, las organizaciones de la sociedad civil o los medios de comunicación a través de informes de actividades o de la respuesta a solicitudes de información.
b) Entre instituciones de gobierno, ya sea entre poderes o por auditorías realizadas por los órganos de fiscalización de la administración pública y del Poder Legislativo.

Sirve para:
- Evaluar las acciones y decisiones de los servidores públicos.
- Mejorar la toma de decisiones de los servidores públicos.
- Obligar a los servidores públicos a conducirse siempre con honestidad y responsabilidad.
- Evitar la corrupción.

Palabras claras

Los datos personales de las autoridades y de la población deben protegerse porque son propiedad de cada individuo. Cada persona debe decidir qué datos dar a conocer y a quiénes; por ejemplo, sobre sus creencias religiosas, las enfermedades que ha padecido, su vida amorosa, entre otros datos.

El trabajo de los servidores públicos debe ser transparente porque su función es servir a la población, pero su vida personal no es asunto de interés público.

1. En equipos, analicen una obra de beneficio colectivo realizada recientemente en su municipio o en el estado. Pueden consultar en periódicos locales impresos o digitales, o preguntar a sus familiares.

- Anoten las características de la obra, la manera como se tomó la decisión y si la población fue consultada. También indaguen cómo y cuándo se informó a la población sobre el costo, el origen de los recursos y los beneficios esperados.
- Expliquen qué opina la población sobre la obra, si está informada, si ha sido escuchada por las autoridades cuando tiene quejas o dudas y si considera que la obra le traerá beneficios.
- Identifiquen qué tan transparente es esta obra: ¿existe suficiente información? ¿Los servidores públicos encargados de la obra han rendido cuentas sobre las decisiones que tomaron, el costo y los resultados?

2. Expongan su trabajo al grupo y, con la ayuda de su maestra o maestro, realicen lo siguiente:

- Analicen los casos considerando la información de la infografía sobre transparencia, rendición de cuentas y participación ciudadana.
- Elaboren una lista de las obras de beneficio colectivo realizadas en la entidad o en el estado.
- Identifiquen las obras más transparentes, las que aportarán mayores beneficios a la entidad y las que incluyeron la participación de la ciudadanía.

3. Seleccionen una obra que no cubra los tres puntos anteriores. Comenten cómo puede participar la ciudadanía para pedir cuentas y con ello mejorar la vida democrática. Para hacerlo, revisen el texto que se incluye a continuación y el esquema sobre los mecanismos de participación democrática.

 Guarden su trabajo en el Baúl de Formación Cívica y Ética, pues se utilizará en el siguiente bloque.

Una ciudadanía que participa, vigila y pide cuentas es un contrapeso al poder de los gobernantes. Esto evita abusos y fortalece la democracia.

Participar en la toma de decisiones, en el monitoreo de las acciones de los representantes populares y en la atención de los asuntos de interés colectivo es un derecho humano fundamental. Participar implica informarse, preocuparse y ocuparse de lo que pasa alrededor. En México existen varios mecanismos para que la ciudadanía participe en las decisiones colectivas y con ello fortalecer la vida democrática.

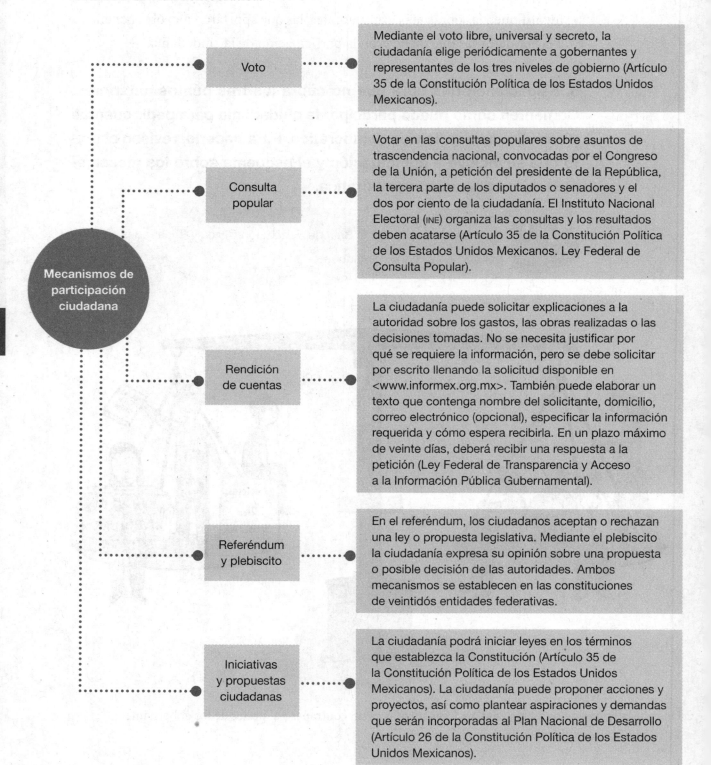

Mecanismos de participación ciudadana

Voto

Mediante el voto libre, universal y secreto, la ciudadanía elige periódicamente a gobernantes y representantes de los tres niveles de gobierno (Artículo 35 de la Constitución Política de los Estados Unidos Mexicanos).

Consulta popular

Votar en las consultas populares sobre asuntos de trascendencia nacional, convocadas por el Congreso de la Unión, a petición del presidente de la República, la tercera parte de los diputados o senadores y el dos por ciento de la ciudadanía. El Instituto Nacional Electoral (INE) organiza las consultas y los resultados deben acatarse (Artículo 35 de la Constitución Política de los Estados Unidos Mexicanos. Ley Federal de Consulta Popular).

Rendición de cuentas

La ciudadanía puede solicitar explicaciones a la autoridad sobre los gastos, las obras realizadas o las decisiones tomadas. No se necesita justificar por qué se requiere la información, pero se debe solicitar por escrito llenando la solicitud disponible en <www.informex.org.mx>. También puede elaborar un texto que contenga nombre del solicitante, domicilio, correo electrónico (opcional), especificar la información requerida y cómo espera recibirla. En un plazo máximo de veinte días, deberá recibir una respuesta a la petición (Ley Federal de Transparencia y Acceso a la Información Pública Gubernamental).

Referéndum y plebiscito

En el referéndum, los ciudadanos aceptan o rechazan una ley o propuesta legislativa. Mediante el plebiscito la ciudadanía expresa su opinión sobre una propuesta o posible decisión de las autoridades. Ambos mecanismos se establecen en las constituciones de veintidós entidades federativas.

Iniciativas y propuestas ciudadanas

La ciudadanía podrá iniciar leyes en los términos que establezca la Constitución (Artículo 35 de la Constitución Política de los Estados Unidos Mexicanos). La ciudadanía puede proponer acciones y proyectos, así como plantear aspiraciones y demandas que serán incorporadas al Plan Nacional de Desarrollo (Artículo 26 de la Constitución Política de los Estados Unidos Mexicanos).

¡Participemos!

1. Con ayuda de su maestra o maestro, redacten en grupo una carta dirigida a la autoridad responsable de la obra que han elegido para pedir cuentas del proceso respecto a la toma de decisión, el monto gastado, la manera como se benefició a algún sector de la población, entre otros aspectos.

2. Cuando su maestra o maestro haya revisado la carta, fírmenla y envíenla a la autoridad correspondiente.

 Anota en tu Anecdotario una situación en la que solicitaste explicaciones a alguna autoridad sobre sus actos o decisiones que te afectaron. Comenta cuál fue la reacción de la autoridad ante tus preguntas.

Lo que aprendí

1. Explica en qué consisten los siguientes procedimientos de participación democrática.

2. Anota en cada caso un ejemplo de cómo lo utilizarías en tu casa y en la escuela para fortalecer la democracia en la vida diaria.

Ejercicio del voto

_____

_____

_____

Rendición de cuentas

_____

_____

_____

Consulta popular

_____

_____

_____

Evaluación

1. Lee los siguientes derechos y subraya los tres que corresponden a los ciudadanos.

a) Participar en consultas populares.

b) Tener un juicio justo.

c) Pagar impuestos.

d) Asociarse libremente para participar en los asuntos de interés común.

e) Votar para elegir gobernantes.

2. Subraya los tres derechos de los niños como miembros de una colectividad.

a) Asociarse libremente para participar en los asuntos de interés común.

b) Que sus opiniones y propuestas sean tomadas en cuenta por quienes toman las decisiones que les afectan.

c) Presentar propuestas en todos los ámbitos en los que viven.

d) Votar para elegir gobernantes.

e) Participar en consultas populares.

3. Lee el texto y elige la respuesta correcta.

Los alumnos de sexto B revisaron el reglamento de su salón para hacer uno nuevo, pero no se pusieron de acuerdo. El equipo 1 sugirió que se eliminaran las reglas que prohíben algo y sólo se incluyeran los derechos. El equipo 2 planteó que no se propusieran sanciones, porque los castigos son crueles, como el de bajar puntos a los alumnos que se portan mal, y no ayudan a mejorar la convivencia. El equipo 3 recomendó eliminar las reglas injustas, como la que prohíbe ir al baño después del recreo. El equipo 4 indicó que el reglamento estaba bien, lo malo es que no se respeta y nadie lo hace cumplir.

• ¿Por qué no se puede aceptar la propuesta del equipo 1?

   a) Porque los reglamentos sirven para decirnos lo que no debemos hacer.

   b) Porque las personas desconocen lo que no deben hacer.

   c) Porque los reglamentos deben incluir derechos y obligaciones.

4. Subraya la opción que explique las acciones que pueden promover mayor respeto a las normas en la escuela, aplicando la democracia y la cultura de la legalidad.

a) Aumentar los castigos, aplicar la mano dura y la cero tolerancia al desorden.

b) Promover que las normas se conozcan y se mejoren, se apliquen con justicia y haya consecuencias cuando no se cumplan.

c) Eliminar los castigos y promover que los niños aprendan a ser responsables y respetuosos sin necesidad de que existan reglas.

5. ¿Por qué es importante que existan leyes?

a) Porque establecen cómo esperan las autoridades que se comporten las personas.

b) Porque regulan la convivencia, protegen los derechos y establecen las obligaciones de las personas.

c) Porque establecen lo que no se debe hacer, los castigos y los derechos de las autoridades.

6. ¿Qué aspectos contribuyen a fortalecer el gobierno democrático?

a) La elección de gobernantes, el respeto a la ley, la participación ciudadana y la división de poderes.

b) La cultura de la legalidad, el Estado de derecho, el gobierno municipal y las manifestaciones de apoyo del pueblo.

c) El plebiscito, el referéndum, la aplicación de la ley y los castigos ejemplares a los que cometen delitos.

7. Lee el texto y elige la respuesta correcta.

El presidente municipal de San Luis del Río gobierna con "mano dura". Dice que es la única manera de resolver los problemas de inseguridad y violencia. Ha mandado detener a todas las personas sospechosas y nadie puede estar en la calle después de que anochece. La delincuencia ha disminuido, pero la población se queja del abuso de autoridad de la policía.

- ¿Qué opinan de la manera como gobierna este presidente municipal?

  a) Está bien porque el gobernante debe aplicar la ley aunque la población piense que se violan sus derechos.

  b) Está bien porque los delincuentes no tienen derechos humanos.

  c) Está mal porque debe resolver los problemas de delincuencia e inseguridad, pero respetando los derechos de la población.

Acontecimientos sociales que demandan la participación ciudadana

Proyecto de mejora de la convivencia

En este bloque, además de las actividades de cada lección elaborarán un proyecto colaborativo en el que propondrán acciones que involucren la participación de la comunidad escolar para atender un problema de convivencia.

Los proyectos colaborativos son trabajos que se realizan en equipo o en grupo para atender un problema o desarrollar una tarea. Para elaborarlos, es importante que todas las personas que integran el grupo se comprometan a participar, se responsabilicen de la parte del trabajo que les corresponde, asuman el objetivo común como parte de esa responsabilidad y tengan disposición para dialogar y negociar en caso de que se presente un conflicto.

Al realizar este proyecto, aplicarás lo aprendido sobre la resolución de conflictos, el trabajo en equipo y la participación democrática. Las acciones que propongan en el proyecto quedarán como recomendaciones para que el próximo ciclo escolar, el grupo de sexto grado las tome en cuenta para mejorar la convivencia en el salón y en la escuela.

Etapas del proyecto

Paso 6. Evaluación y presentación de resultados.

Paso 5. Aplicación del proyecto.

Paso 4. Diseño del proyecto y del programa de trabajo.

Paso 3. Propuesta de solución y acciones.

Paso 2. Análisis de los problemas y posibles soluciones.

Paso 1. Diagnóstico y detección de problemas.

¿Cómo se hace un proyecto para la mejora de la convivencia?

PASO 1. Diagnóstico y detección de problemas.

Es el momento de observar su entorno para reconocer lo que pasa, las situaciones que contribuyen a construir una convivencia, los problemas de comunicación, los conflictos y otros aspectos que pueden dañarla. Pueden recuperar los ejercicios que han hecho a lo largo del curso.

PASO 2. Análisis de los problemas y posibles soluciones.

Para resolver un problema, es necesario reconocer que existe y comprender sus causas. Esto es lo que harán en el segundo paso del proyecto.

Durante este curso han realizado varios ejercicios para analizar los problemas que se presentan en su salón, en la escuela y en el lugar donde viven.

PASO 3. Propuesta de solución y acciones.

En este paso es importante hacer varias propuestas y analizarlas para definir cuáles tienen más posibilidades de atender o solucionar el problema. Fíjense en el ejemplo.

Problema: Los alumnos más grandes se apropian de las canchas deportivas de la escuela y no dejan jugar a los más chicos.
Propuestas:
- Elaborar con ayuda de su maestra o maestro de educación física un reglamento para el uso de las canchas que incluya el horario que le corresponde a cada grupo.
- Hacer carteles con los horarios y las reglas de uso de las canchas.
- Formar un comité de vigilancia con alumnos de todos los grupos.

PASO 4. Diseño del proyecto y del plan de trabajo.

Una vez que definan el problema sobre el que trabajarán y las propuestas de atención que les parecen mejores, es el momento de elaborar un plan de trabajo en el que indiquen qué van a hacer, quiénes participarán, qué recursos necesitan, cuándo lo harán y qué resultados esperan.

PASO 5. Aplicación del proyecto.

Al aplicar el proyecto, es necesario que cuenten con el apoyo de su maestra o maestro, de algunos familiares y de la dirección de la escuela, a fin de que los asesoren y coordinen, les ayuden a resolver problemas y a gestionar permisos.

También es necesario que durante la aplicación del proyecto registren los avances y tomen nota de lo que ocurre en la puesta en marcha. Esto servirá para la evaluación de resultados.

PASO 6. Evaluación y presentación de resultados.

Para concluir el proyecto, elaboren un pequeño reporte en el que expliquen a su grupo cómo les fue y qué resultados obtuvieron.

Podrás aplicar lo aprendido en tus clases
de Español y Ciencias Naturales.

Los conflictos: componentes de la convivencia diaria

Lo que sé y lo que… opino

1. Lee el siguiente caso:

NUESTRO MUNDO

MÉXICO, D.F., A 18 DE ABRIL DE 2014.

La basura inunda el pueblo Los Girasoles

Por quinto día consecutivo, el camión recolector de basura no pasó. Algunos vecinos, que habían sacado su bote, regresaban con él a sus casas, pero otros llevaban disimuladamente sus desechos al terreno baldío de la esquina. Sólo los perros parecían darse cuenta de que el montón de basura iba creciendo y, con él, las ratas, cucarachas y moscas.

El problema crecía, por más que el pueblo cerrara los ojos. Doña Sabina no podía ignorarlo porque su tienda de abarrotes estaba junto al terreno baldío y cada vez sufría más por los olores y la fauna nociva. Habló con los vecinos que llegaban a la tienda, con la esperanza de encontrar una solución. Las quejas de unos y la indiferencia de otros no fueron obstáculo para que surgiera una propuesta: cooperar para pagar la gasolina del camión de don Lupe, en el que podrían llevar la basura cada tercer día al tiradero más cercano y a los centros de reciclaje. Doña Sabina y otras personas pidieron a la Asociación de Vecinos convocar a una asamblea para plantear su propuesta.

La mayoría se negó a cooperar argumentando que es responsabilidad del gobierno recoger la basura y garantizar que la población viva en un ambiente limpio. Los noticieros informaban que el problema había surgido porque el contrato de la empresa recolectora de basura se venció y el municipio no quiso renovarlo, debido a que aquélla incrementó escandalosamente sus tarifas. Sobraron las críticas contra el presidente municipal y circularon rumores de pugnas por las ganancias de la venta de los desechos reciclables.

Discutieron durante un largo rato, descartaron la vía violenta o sumarse a alguna marcha y decidieron que una comisión coordinada por doña Sabina iría al Ayuntamiento. Solicitarían audiencia con alguna autoridad municipal para que les informara cómo solucionarían el problema.

Cuando llegaron al palacio municipal, se encontraron con un plantón de personas recolectoras de basura que habían perdido su empleo. La entrada principal estaba cerrada. Locatarios del mercado de pescados y mariscos habían depositado bolsas con basura en avanzado estado de descomposición y portaban pancartas contra el gobierno municipal.

Algún manifestante lanzó un insulto hacia los recolectores de basura y ellos respondieron con groserías. La policía municipal cercó a todas las personas que estaban en la plaza, quienes se fueron replegando en una esquina. Doña Sabina intentó solicitar audiencia con el cabildo, pero el caos, los gritos y empujones hacían imposible el diálogo.

Cincuenta personas fueron detenidas. La comisión regresó a su comunidad con varios moretones. Piensan volver a tratar el punto en la asamblea vecinal. Mientras, la basura sigue acumulándose y la molestia de los habitantes del municipio Los Girasoles también. ■

2. En grupo, apliquen lo aprendido en quinto grado sobre las características de los conflictos para analizar el caso. Anoten las respuestas, en su cuaderno, de la siguiente Tabla de análisis de conflictos:

Partes del conflicto	Características
El problema	¿Cuál es el conflicto? ¿Por qué surgió? ¿Cuándo se expresaron los primeros desacuerdos, las desigualdades, las afectaciones a los derechos, entre otras condiciones detonantes del conflicto? ¿Cuáles son los valores, metas, necesidades o intereses que chocan y que provocan el conflicto? ¿Qué lo hizo estallar?
Las personas, grupos o países involucrados	¿Cuáles son las partes en conflicto? ¿Cuál es la posición de cada parte? ¿Cuál es el papel de cada una de las partes en el conflicto? ¿Quiénes pueden ser afectados de manera indirecta por el conflicto? ¿Quiénes pueden contribuir a la solución, aun sin ser parte del conflicto?
El proceso	¿Por qué creció el conflicto? ¿Qué información se necesita para comprender y resolver el conflicto? ¿Qué información tenían las partes sobre el conflicto? ¿Qué pasa si no se resuelve? ¿Cuáles son las posibilidades de solución? ¿Quiénes pueden ayudar a resolverlo? ¿Cómo fue el diálogo entre las partes? ¿Es posible que las partes puedan negociar, es decir, llegar a un acuerdo entre ellas? ¿Por qué? ¿Es necesario que intervenga una tercera parte que asuma el papel de mediador? ¿Cómo se pueden conciliar los valores o intereses en disputa?

3. Al terminar el análisis, respondan en grupo.

- ¿Qué pasa cuando se enfrenta un conflicto empleando la violencia?
- ¿Qué hubieran hecho ustedes para resolverlo?

En esta lección elaborarás en equipo un ejercicio para solucionar un conflicto presente en el lugar donde vives, en el país o en el mundo.

Primer paso: el diagnóstico.
En equipo, seleccionen los tres problemas que consideren más importantes.
Con ayuda de su maestra o maestro, elaboren en grupo una lista de problemas.

Segundo paso: selección del problema.
Cada equipo selecciona un problema. Su proyecto buscará atenderlo o resolverlo.
Analicen el problema seleccionado utilizando la Tabla de análisis de conflictos que utilizaron en la actividad anterior.
Identifiquen los conflictos que surgen de ese problema. Apliquen lo que han aprendido acerca de los conflictos.

Para aprender

Es necesario estar informados sobre los conflictos que ocurren en México y en el resto del mundo ya que, al afectar a la sociedad o a la humanidad, se convierten en asuntos de interés común.

Ya estudiaste en quinto grado que un conflicto es un choque de intereses, de valores o de formas de pensar. Siempre existen desacuerdos y diferencias, pero no siempre se generan conflictos. Éstos surgen cuando quienes tienen estas diferencias no dialogan, no logran un acuerdo e incluso se confrontan.

Si el desacuerdo se da entre unas cuantas personas, se trata de un conflicto interpersonal. Pero si están involucrados grupos, sectores de la población, el gobierno o varios países, se convierte en un conflicto colectivo. Las huelgas, las guerras, las disputas territoriales o las luchas por la conservación de los recursos naturales son ejemplos de conflictos colectivos que suelen generarse por no respetar la ley, violar los derechos humanos o una distribución desigual del poder al controlar los bienes, los recursos y los servicios. En el caso que leíste al inicio de la lección, la falta de un servicio público dio origen al conflicto. Lo mismo puede pasar por la escasez de agua o porque algún sector quiere imponer sus intereses y puntos de vista sobre otro. Diversos acontecimientos en la historia de México y del mundo ilustran algunas causas de los conflictos políticos y sociales.

Palabras claras

Los *conflictos* son parte de la convivencia social e incluso pueden motivar la transformación de las sociedades porque ponen en evidencia tensiones, situaciones de injusticia e inequidad. Con frecuencia, tras un conflicto resuelto mediante el diálogo, la negociación, la mediación y otras formas no violentas, mejoran las relaciones, el clima de trabajo o las condiciones en las que se da el intercambio social. Esto conduce a reconocer que el conflicto en sí no es un hecho negativo.

Estrategias para el manejo y la resolución pacífica de conflictos

La negociación

En la negociación las partes tratan de resolver el conflicto directamente, sin la presencia de una tercera persona

Habilidades para el diálogo

Yo digo que cooperemos para que alguien se lleve la basura.

No estoy de acuerdo. Eso es responsabilidad de las autoridades municipales. Pidamos una audiencia para ver qué pasa y cómo se resolverá el problema.

Las partes exponen sus necesidades, ideas y propuestas.

A mí no me gusta esa propuesta pero creo que es lo mejor mientras se resuelve el problema.

Entonces retiro mi propuesta. Pídamos una audiencia, pero mientras veamos cómo evitar que se acumule la basura.

Capacidad de comprender la postura de la otra parte y disposición a cambiar de opinión.

Las partes ceden en algunas de sus peticiones, o bien, ofrecen algo a cambio para resolver el conflicto.

Capacidad para construir acuerdos y consensos.

Autoconocimiento

Yo puedo ayudar con el reciclaje. Tengo muchas ideas que se pueden aplicar.

En la negociación y la mediación la lógica es ganar-ganar; al ceder, ambas partes ganan.

Habilidades para el manejo de emociones

Las personas mediadoras

- Pueden hacer propuestas sobre el procedimiento de mediación.
- Deben ser aceptadas por las partes, pues reconocen su capacidad para ayudarlos a resolver el conflicto.
- Evitan que las partes choquen, ya que fomentan el diálogo, la comprensión y la escucha.
- Infunden confianza y propician el espíritu de colaboración.
- Procuran que se tomen acuerdos.
- Deben resistir presiones externas y ser imparciales.

La mediación

La ONU define la mediación como un proceso en el que un tercero ayuda a dos o más partes, con su consentimiento, a prevenir, gestionar o resolver un conflicto, ayudándoles a alcanzar acuerdos mutuamente aceptables (orientaciones de la ONU para la eficaz mediación).

Elementos de la mediación

- Preparación: La persona mediadora hace contacto con las partes, se adapta a las características del conflicto y a las necesidades de las partes.
- Consentimiento de las partes para participar en la mediación.
- Apoyo del grupo social en el que se ubica el conflicto.
- Lograr acuerdos de paz.

Escucha activa: prestar atención a lo que dice la otra parte y dar señales de que se está escuchando, como parafrasear lo que dice, mirar a los ojos y asentir con la cabeza Enfocar la atención en el conflicto y en las ideas, no en las personas.

Ay sí, y tú muy simpático.

A mí la verdad, nunca me ha caído bien doña Sabina.

¿Entonces propones que cuando no pase el camión de la basura sólo dejemos los desechos reciclables en el contenedor?

Empecemos por escuchar las ideas y dejemos de criticar a la persona que hace la propuesta.

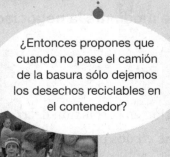

Ya me desesperé. Voy a contar hasta diez.

Regular las propias emociones y respetar las ajenas.

Enfocar la atención en el conflicto y en las ideas, no en las personas.

Para evitar que las tensiones vayan en aumento y que los conflictos estallen hasta un punto difícil de controlar, es necesario atender las causas primarias y las condiciones que los provocan, así como aplicar estrategias pacíficas.

En quinto grado estudiaste que las principales estrategias para manejar y resolver los conflictos sin emplear la violencia son la negociación y la mediación. En ambas es necesario aplicar habilidades para el diálogo y el manejo de emociones.

1. Con ayuda de su maestra o maestro, identifiquen en grupo ejemplos de los siguientes conflictos:

- Un conflicto social actual en su comunidad.
- Un conflicto social reciente en México.
- Un conflicto entre grupos con distintos valores (por ejemplo, defensa del medio ambiente *vs.* desarrollo turístico).
- Un conflicto relacionado con la escasez de recursos naturales (petróleo, agua, minerales) o con la diferencia de ideas, ya sea en México o en el resto del mundo.

2. Revisen la infografía anterior para determinar cuáles conflictos se pueden solucionar empleando la mediación y cuáles con la negociación.

3. Elijan un conflicto que pueda resolverse mediante la negociación y otro empleando la mediación.

4. Dividan al grupo en dos equipos.

- El equipo 1 representará el proceso de negociación en la solución del conflicto seleccionado, por lo que se dividirá nuevamente en dos partes que intentarán resolverlo.
- El equipo 2 representará el proceso de mediación para la solución del conflicto seleccionado, por lo que se dividirá en tres partes, de tal manera que una de ellas fungirá como equipo de mediación. Las otras serán las partes en conflicto.

5. En equipo, realicen lo siguiente:

- Investiguen con personas de su comunidad, en periódicos digitales o impresos, la información que necesitan para comprender el conflicto.

- Analícenlo mediante el uso de la guía que utilizaron para el caso con el que inició la lección.

- Planeen la representación ante el grupo. Deben presentar la situación en la que las partes entran en conflicto, el proceso de diálogo para buscar soluciones y la resolución. Es necesario que apliquen las habilidades para el diálogo y el manejo de emociones, así como las actitudes de cooperación y compromiso explicadas en el siguiente esquema.

6. Expongan su análisis ante el grupo y escriban las dificultades y logros que observaron en el manejo de los conflictos.

_____

_____

_____

_____

_____

_____

_____

_____

_____

El *Atlas global de justicia ambiental* analiza más de mil conflictos ambientales en los que la población ha opuesto resistencia a gobiernos y empresas por el mal manejo de los desechos tóxicos, la explotación de los recursos naturales y la contaminación.

Simbología

○ Nuclear
● Fuentes de metales en bruto y plantas de extracción
● Disposición y tratamiento de desechos
● Biomasa y conflictos por la tierra
● Combustibles fósiles y justicia climática

○ Administración de los recursos hídricos
● Infraestructura y entorno ambiental construido
● Turismo y recreación
● Conflictos en la conservación de la biodiversidad
● Conflictos con empresas industriales y de servicios públicos

¡Participemos!

Después de realizar los ejercicios de resolución de conflictos, identifiquen en grupo:

- Cómo pueden mejorar sus capacidades para la negociación y la mediación; por ejemplo, aprender a escuchar y reconocer los posibles puntos de acuerdo o a regular sus emociones.
- Cómo pueden participar en la mediación y negociación de los conflictos que se presentan en el aula, la escuela y la comunidad.

 Escribe en tu Anecdotario una recomendación para que las personas implicadas en un conflicto puedan resolverlo mejor y más rápido.

Lo que aprendí

Anota en tu cuaderno las respuestas a las siguientes preguntas:

- ¿Qué puede pasar si no se intenta resolver un conflicto?
- ¿En qué consiste la negociación?
- ¿Cuándo es necesaria la mediación?

El diálogo, la información y el control de las emociones son indispensables para resolver los conflictos sin emplear la violencia.

Podrás aplicar lo aprendido en tus clases de Español y Ciencias Naturales.

Corresponsabilidad en los asuntos públicos

Lo que sé y lo que… opino

1. En parejas, analicen las imágenes:

Diario Saturno

Con una inversión de 800 millones, el gobierno llevará gas y progreso a los habitantes de Tomatillo.

EL AMANECER DEL SUR

Desarrollará el estado un ducto que llevará gas a los municipios más alejados. La obra costará 500 millones.

LA VOZ

Fuertes críticas recibe el gobierno por obra pública. El gasoducto está mal planeado y es caro, dicen investigadores de la Universidad.

2. Respondan en su cuaderno las siguientes preguntas:

- ¿Por qué es importante que la ciudadanía esté informada sobre las acciones de gobierno?
- ¿Qué medios utiliza la ciudadanía en su comunidad para mantenerse informada sobre el quehacer de los servidores públicos?
- ¿Cuál es la responsabilidad de los medios de comunicación en la divulgación de las acciones de gobierno?
- ¿Qué piensan cuando los medios presentan información falsa o incompleta u opiniones más que hechos?

En esta lección elaborarán en equipos un mapa de su comunidad donde señalen las acciones en las que el gobierno y la ciudadanía han unido esfuerzos para lograr el bienestar común y para atender problemas colectivos.

Para aprender

La responsabilidad de atender las necesidades de la población recae directamente en las autoridades públicas, pero la sociedad comparte esa responsabilidad por medio de la participación social.

La población tiene derecho al bienestar, el cual se expresa en la satisfacción de sus necesidades, en la realización de sus derechos, en la calidad del medio ambiente y en la seguridad humana, entre otros aspectos. El gobierno, en sus tres ámbitos —federal, estatal y municipal—, cuenta con atribuciones orientadas a lograr el bienestar de la población. Ya has estudiado en quinto grado que los gobiernos municipales se encargan de los asuntos relacionados con la dinámica cotidiana de la población, como los servicios públicos de alumbrado, el alcantarillado, la recolección y manejo de basura, los parques, jardines o mercados. Mientras que los gobiernos estatales, junto con los municipales, tienen la responsabilidad de garantizar derechos como la educación, la salud, la seguridad pública o la protección civil. El gobierno federal también atiende estos asuntos y además se encarga, de manera exclusiva, de otros, como la seguridad nacional.

La sociedad debe ser corresponsable en el mejoramiento de su entorno, en la prevención de riesgos y en la atención de algunos problemas. De esta manera, no sólo contribuye al bienestar social, sino que fortalece la vida democrática al ejercer su derecho a la participación en asuntos de interés común.

El gobierno realiza acciones para atender situaciones que ponen en riesgo a la población, para prestar servicios públicos y para defender los derechos humanos.

Palabras claras

Responsabilidad significa asumir los compromisos, tareas y obligaciones, así como responder por los actos y decisiones ante los demás. La corresponsabilidad es una responsabilidad compartida. Mientras la responsabilidad no se puede eludir, la corresponsabilidad es voluntaria y se relaciona con otro componente de la vida democrática: la participación social. Por ejemplo, aunque las instancias de salud de los tres ámbitos de gobierno tienen la obligación y la responsabilidad de atender a personas con alguna discapacidad física, existen organizaciones de la sociedad civil que ofrecen servicios especializados a dicha población. Con ello están siendo corresponsables de un asunto de interés colectivo.

1. En grupo, analicen la imagen y respondan las siguientes preguntas:

- ¿Qué problemas identifican?
- ¿En qué aspectos notan que trabajan de manera coordinada el gobierno y la ciudadanía para lograr el bienestar común?
- ¿Qué acciones se ve que faltan para mejorar las condiciones de esta comunidad?
- En su localidad, ¿en qué asuntos trabajan juntos gobierno y ciudadanía para lograr el bienestar común?
- ¿Qué piensan que se debe hacer para aumentar la colaboración entre gobierno y ciudadanía en su localidad?

2. En equipos anoten ejemplos de las acciones que:

Han realizado los gobiernos municipal, estatal y federal para resolver los problemas de la localidad y procurar el bienestar colectivo.	
Ha realizado la sociedad para mejorar el entorno y atender asuntos de interés común.	
Han realizado gobierno y ciudadanía de manera corresponsable.	
Pueden desarrollar gobierno y ciudadanía de manera corresponsable.	

3. Para realizar esta actividad, retomen los trabajos realizados en las cuatro lecciones del Bloque III. Si es necesario, pueden pedir apoyo a sus familiares e incluso acudir a las oficinas del ayuntamiento o delegación para obtener más información.

Participar es tomar parte en un asunto que te interesa, te afecta o te corresponde. Por medio de la participación, las personas expresan sus ideas sobre el bienestar común, además de que esto contribuye a alcanzar sus ideales de dignidad y buen trato al aportar trabajo, ideas, recursos o tiempo en la atención a situaciones o problemas sociales. Sin la participación ciudadana, la democracia no puede existir; por ello, también es un derecho que se puede ejercer en forma individual y ocasional, o bien, en grupos organizados alrededor de metas y planes de acción claros.

Algunos grupos ciudadanos se organizan para mejorar su entorno, luchar por la defensa de los derechos humanos, resolver un problema o apoyar a quienes se encuentran en desventaja. En algunos casos forman una organización de la sociedad civil (osc) que contribuye de manera corresponsable a mejorar el bienestar social.

Para apoyar esta forma de participación, el gobierno destina recursos económicos, orientación o materiales a las osc que se encuentran debidamente registradas, las cuales están obligadas a actuar con transparencia, rendir cuentas y demostrar que hacen uso correcto de los recursos.

La ciudadanía debe estar informada de las acciones y decisiones relacionadas con los asuntos de interés público. Solicitar información directamente o por medio del Instituto Federal de Acceso a la Información y Protección de Datos (IFAI) sobre el desempeño de las autoridades gubernamentales y el destino de los recursos públicos, es una forma de participar y fortalece el vínculo de reciprocidad entre sociedad y gobierno a fin de mejorar la calidad de las acciones orientadas al bienestar común.

En el Bloque II estudiaste que la transparencia y la rendición de cuentas son mecanismos de participación ciudadana. La rendición de cuentas es la obligación de las autoridades y gobernantes de informar acerca de sus actos y decisiones, sobre los resultados obtenidos y la forma en que gastan los recursos públicos. La transparencia obliga al gobierno a poner a disposición de la sociedad la información necesaria para que cualquier persona pueda vigilar su actuación a fin de prevenir y denunciar actos de corrupción.

Además de la transparencia y la rendición de cuentas, la ciudadanía conoce las acciones que realiza el gobierno mediante lo que se publica en los medios de comunicación, lo que se difunde en las redes sociales y en las páginas oficiales de las instituciones públicas, así como por medio de las audiencias ciudadanas.

El derecho a la información incluye la responsabilidad personal de buscar fuentes diversas y confiables que brinden un panorama amplio sobre lo que acontece en la comunidad, en el estado y en el país, para poder asumir una postura y actuar.

¡Participemos!

1. En equipos, dibujen en una cartulina un mapa de su localidad; pueden incluir sólo el lugar donde viven u otros sitios cercanos. Señalen con distintos colores lo que se indica.

- Las obras y servicios que ha realizado el gobierno municipal, estatal o federal.
- Los servicios o problemas que ha resuelto la sociedad.
- Los problemas que han resuelto o las obras que han realizado en conjunto sociedad y gobierno.
- Las necesidades o problemas no resueltos.

2. Expongan al grupo su trabajo y comenten:

- ¿Cuál es el papel de los medios de comunicación?
- ¿Qué se puede hacer para que la sociedad participe más?
- ¿Qué deben hacer los gobiernos para fomentar la participación?

Tercer paso: propuestas de alternativas de solución.

En equipo, propongan actividades que ayuden a atender el problema sobre el que están trabajando. Como apoyo, retomen la historieta sobre las alternativas para el manejo de emociones de manera asertiva que elaboraron en la Lección 5. Escriban en una hoja su propuesta.

Cuarto paso: diseño del proyecto.

Con apoyo de su maestra o maestro, elaboren un plan de trabajo en el que expliquen la actividad que van a realizar. Incluyan la explicación de qué quieren lograr, cómo lo van a hacer, quiénes van a participar, cómo se van a distribuir las tareas, qué recursos necesitan y cuánto tiempo deben invertir.
Pongan nombre a su proyecto.

En tu Anecdotario escribe un compromiso personal para continuar participando en favor del bienestar y la seguridad de tu comunidad.

Lo que aprendí

En tu cuaderno explica:

- ¿Por qué crees que es importante la participación individual y colectiva de la ciudadanía, en coordinación con las autoridades, para atender asuntos de beneficio común?
- ¿Qué debe hacer el gobierno para que la población tenga mejores condiciones de vida?
- ¿Qué debe hacer la ciudadanía para lograr ese mismo objetivo?
- ¿En qué te gustaría que trabajaran en conjunto sociedad y gobierno para mejorar la vida de los niños de tu comunidad?
- ¿Qué puedes hacer para fomentar esa coordinación?

Quinto paso: aplicación del proyecto.

Tomando como guía su plan de trabajo, pongan en marcha su proyecto.

Elaboren en casa el material que necesitan, pidan apoyo a sus familiares y realicen las acciones que planearon.

Tomen nota de todo lo que sucede para que tengan claro cuáles fueron sus logros y las dificultades a las que se enfrentaron.

Para ir registrando sus logros y retos, pueden ir llenando la siguiente tabla:

Nombre del proyecto:				
Problema que atiende:				
El proyecto...	Sí	Más o menos	No	Sugerencias
es interesante.				
puede realizarse.				
ayuda a resolver el problema.				
logra que los demás se interesen y participen.				
ayuda a mejorar la convivencia en la escuela.				

Podrás aplicar lo aprendido en tus clases
de Español y Ciencias Naturales.

Cultura de la prevención

Lo que sé y lo que... opino

1. Lean el siguiente texto:

De un momento a otro me despertó un ruido que venía de muy abajo, como del fondo de la tierra, y de la nada todo empezó a dar vueltas y a temblar y temblar. Salté de la cama junto a mi mujer y corrimos al cuarto de mi hija de siete años. La encontramos llorando y abrazada a su almohada. Salimos lo más rápido que pudimos a la calle, cayéndonos, porque tampoco se podía caminar ni correr ya que la tierra se movía de arriba abajo.

Cuando la tierra dejó de moverse y sonar, recién se escucharon con fuerza los gritos y los llantos de las personas. Yo sentía que las piernas me temblaban. Mi hijita seguía llorando. Mi mujer también. No me había dado cuenta, pero yo también estaba llorando. Los tres nos abrazábamos con fuerza.

Cuando amaneció, vi que nuestra casa estaba destruida. Mi casa, que era de dos pisos, estaba casi de cabeza. Era como si un gigante hubiera venido y la hubiera volteado por jugar. Mi carro había salido despedido hasta la calle de enfrente, 50 metros más allá. Todas las casas estaban en el piso y los carros de cabeza. Los edificios estaban de costado, a punto de caerse. El puente que daba a la carretera estaba destruido. Los postes de luz en el piso. Las veredas y las pistas levantadas. Parecía una pesadilla. O una película de ciencia ficción.

Las primeras caras que vi fueron de miedo, de pavor, pero luego solamente vi caras de sorpresa. Nadie podía creer lo que había pasado. Algunos ni siquiera lloraban, sólo miraban sus propiedades en estado de *shock*, con la boca abierta. Otros buscaban a sus familiares entre los escombros, los llamaban a gritos. Nadie sabía qué hacer.

El domingo en la mañana empezaron los saqueos. La gente estaba desesperada porque lo había perdido todo y la ayuda del gobierno no llegaba. Empezaron a meterse a los supermercados, a las gasolineras, a las farmacias, destrozando puertas y ventanas, llevándose lo que podían. Pero no sólo agua o cosas para comer, sino que también otros aprovecharon y se robaron televisores, computadoras, refrigeradores, lavadoras. Era un caos. Nadie ponía orden.

Ricardo Aguirre, sobreviviente de un sismo de 8.8 grados en escala Richter ocurrido en Chile en 2010. Fuente: <http://www.generaccion.com/magazine/1028/terremoto-chile>.

2. Con base en la lectura, y en equipo, respondan las preguntas.

- ¿Qué problemas pueden provocar los fenómenos naturales, como los sismos o huracanes, cuando no existe una cultura de prevención ni un plan de protección civil?

- ¿Por qué un desastre causado por un fenómeno natural no siempre termina en catástrofe?

- ¿Qué riesgos naturales están presentes en tu localidad? Por ejemplo, sismos, inundaciones o huracanes.

- ¿Cómo está preparada la población para enfrentar estas situaciones de riesgo?

- ¿Quiénes son los responsables de la prevención y la protección civil del lugar donde vives?

- ¿Qué puedes hacer para protegerte de estos riesgos y contribuir a la protección civil?

En esta lección elaborarás con el grupo un plan de emergencia escolar para saber qué hacer en caso de una contingencia por fenómenos naturales o accidentes causados por acciones humanas.

Para aprender

Las personas están expuestas a huracanes, sismos, sequías y otros fenómenos naturales. Cuando no se toman medidas adecuadas de prevención y de protección civil pueden afectar viviendas, vías de comunicación, cultivos y fuentes de trabajo además de poner en riesgo la salud o incluso la vida de sus habitantes.

Por su ubicación geográfica, México es considerado un país de alto riesgo sísmico y está expuesto a fenómenos meteorológicos, como huracanes, tormentas, trombas, granizadas, heladas, sequías, inundaciones, así como a deslaves y plagas. Además del daño de estos fenómenos naturales, se enfrenta a otras situaciones ocasionadas por la acción u omisión humana, como los accidentes industriales (fuga de sustancias químicas, incendios o explosiones), los incendios forestales por descuido, la violencia social o la delincuencia. La siguiente infografía explica con más detalle estas situaciones de riesgo.

Situaciones de riesgo

Naturales

Fenómenos geológicos

Causa: movimiento de la corteza terrestre
- Sismos
- Erupciones volcánicas
- Tsunamis
- Hundimientos de tierra
- Derrumbes
- Deslaves

Fenómenos hidrometeorológicos

Causa: ciclos climáticos
- Ciclones tropicales
- Lluvias extremas
- Inundaciones por lluvia o desborde de ríos y lagunas
- Tormentas de nieve, polvo, granizo y eléctricas
- Heladas
- Sequías
- Ondas cálidas y gélidas
- Tornados

Provocadas por acción humana

Fenómenos sociorganizativos

Causa: errores humanos o acciones intencionales
- Demostraciones de inconformidad social
- Concentración masiva de personas en eventos
- Terrorismo
- Vandalismo
- Accidentes aéreos, marítimos o terrestres
- Sabotaje o atentado contra vías de comunicación o servicios básicos

Fenómenos químico-tecnológicos

Causa: sustancias químicas o radioactivas
- Incendios
- Fugas tóxicas (gas, amoniaco, cloro)
- Radiación
- Derrames (petróleo)
- Contaminación biológico-infecciosa (bacterias, virus)

Fénomenos sanitario-ecológicos

Causa: agentes biológicos
- Plagas
- Epidemias
- Contaminación de aire, agua y suelo

Palabras claras

La protección civil consiste en las acciones que se realizan para prevenir riesgos, auxiliar y proteger a la población y recuperar la normalidad ante una catástrofe originada por fenómenos naturales o por la acción humana. En México, contamos con el Sistema Nacional de Protección Civil (Sinaproc), formado por instituciones gubernamentales como el Centro Nacional de Prevención de Desastres (Cenapred), Unidades de Protección Civil estatales y municipales, además de organizaciones de la sociedad especializadas en el rescate y primeros auxilios.

El Cenapred, como parte del Sistema Nacional de Protección Civil, monitorea continuamente la actividad de los volcanes activos en México. En caso de incremento de actividad, emite reportes y alertas.

Ante una situación de riesgo, lo mejor es anticiparse. En esta idea se basan las estrategias de protección civil, las cuales se despliegan en tres etapas orientadas a resguardar la vida y garantizar el bienestar de la población: prevención, auxilio y recuperación.

La participación de la sociedad es fundamental en los tres momentos de este proceso. Por eso, es importante fomentar la cultura de la prevención mediante planes de seguridad para la familia, la escuela y la sociedad, los cuales contemplan participar en simulacros y atender las indicaciones de las autoridades y organismos de protección civil.

Prevención

Acciones realizadas antes de que ocurra el fenómeno o la situación de riesgo.

Auxilio

Asiste a las personas en riesgo o a las víctimas de un siniestro, emergencia o desastre.

Recuperación

Proceso que inicia durante la emergencia y que consiste en una serie de acciones que buscan que la comunidad afectada regrese lo más pronto posible a la normalidad.

Identificación del riesgo

Prever lo que puede suceder: los datos y las necesidades de la población ante un desastre. La intención es medir sus repercusiones para preparar las acciones de prevención.

Atención de la emergencia

Se realiza por medio de los organismos de protección civil públicos y privados. Incluye acciones como la emisión de boletines informativos, instalación de refugios temporales, brigadas de rescate, distribución de alimentos y medicamentos a los afectados, seguridad pública y atención a fallas de energía eléctrica y en las vías de comunicación.

Reconstrucción de los daños

a) Materiales: carreteras y vías de comunicación, casas, escuelas, hospitales, etcétera.
b) Atención médica a las personas afectadas.
c) Apoyos económicos como el del Fondo Nacional de Desastres Naturales (Fonden), el cual destina el gobierno federal para la reconstrucción de las entidades o municipios afectados.

Reducción del riesgo

a) Mitigación: Acciones para evitar el daño o disminuirlo en las personas, bienes e instalaciones.
b) Preparación: Actividades y medidas tomadas con anticipación para asegurar la respuesta requerida ante un fenómeno natural o social perturbador.

184

Ante un desastre natural que pone en riesgo a la población, la Secretaría de la Defensa Nacional pone en marcha el Plan DNIII, con el cual brinda auxilio y protección a las personas y colabora también en la reparación de los daños.

1. Por equipos, analicen los siguientes planes de emergencia:

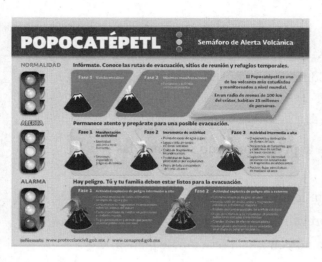

¿Qué puedo hacer en mi escuela para evitar el mosquito del dengue?

¿Sabes estornudar correctamente?

Higiene, prevención y cuidados son nuestros mejores aliados

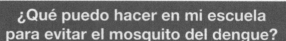

¡Evita contagiar a los demás!

Cubre tu nariz y boca al toser o estornudar con un pañuelo desechable

¡Recuerda tirarlo en una bolsa de plástico!

...o utiliza el ángulo interno del brazo

¡Pero nunca las manos!

Lava tus manos frecuentemente con agua y jabón, de preferencia líquido

2. Con base en su análisis, y en equipos, respondan lo siguiente:

- ¿Conocen estos planes de emergencia?
- ¿Cuáles se aplican en su escuela?
- ¿Quiénes integran el Comité de protección civil en la escuela?
- ¿Realizan simulacros de sismo o incendio? ¿Cómo se comportan el alumnado y el profesorado?
- ¿Cuáles son los fenómenos naturales que se presentan con más frecuencia en tu entidad? ¿Qué riesgo pueden implicar para la población si no se toman las medidas de protección civil?
- ¿Sabes qué hacer en caso de emergencia por un fenómeno natural?
- ¿Por qué es importante la información en la prevención de riesgos?
- ¿Qué papel desempeñan el diálogo y la negociación en la elaboración de planes de emergencia?
- Con apoyo de su maestra o maestro, organicen equipos o parejas para trabajar en alguno de los riesgos incluidos en la infografía anterior.
- Mediante frases cortas e ilustraciones, elaboren en su cuaderno el borrador de un plan de emergencia escolar, que incluya recomendaciones para saber qué hacer antes, durante y después de la situación de riesgo sobre la que trabaja su equipo.

¡Participemos!

Expongan su plan al grupo. Al terminar las presentaciones, y con apoyo de su maestra o maestro, coméntenlas y de ser necesario hagan propuestas para mejorar los planes tomando en cuenta las siguientes preguntas guía:

- ¿El plan se puede realizar?
- ¿Incluye todos los momentos y acciones de las estrategias de protección civil?
- ¿Las instrucciones son claras?
- ¿Ayuda a orientar a la población?
- ¿Promueve la alerta sin generar pánico?
- Retomen los comentarios de los otros equipos para enriquecer su plan. Ya que esté listo, pásenlo a una cartulina.
- Coloquen sus planes en los pasillos de la escuela y organicen brigadas explicativas para los alumnos de otros grupos, las maestras y maestros, y las familias.

Escribe en tu Anecdotario una breve reseña de alguna experiencia en la que hayas estado en un simulacro o en una situación de riesgo.

Lo que aprendí

1. Identifica una situación de riesgo que puede ocurrir cuando vas de tu casa a la escuela o de regreso; pueden ser sismos, huracanes, deslaves, inundaciones, accidentes, robos, entre otras.

2. Dibuja en cada cuadro los pasos que podrás seguir para evitar riesgos y protegerte. Puedes revisar los ejemplos del cartel de la página 185.

Riesgo: _____

Pasos		
1	2	3
4	5	6
7	8	9

Podrás aplicar lo aprendido en tus clases de Español y Ciencias Naturales.

Cultura de paz y buen trato

Lo que sé y lo que... siento

1. Marca con una palomita (✓) la opción que represente lo que ocurre en tu grupo:

En la escuela y en el salón	Siempre	Casi siempre	Algunas veces	Casi nunca	Nunca
Cuando alguien participa en clase, sus opiniones o dudas son respetadas.					
Frente a un conflicto dialogamos, negociamos y llegamos a un acuerdo que beneficie a ambas partes.					
Evitamos reír cuando se burlan o le ponen apodos a alguien.					
Si alguien acosa o amenaza a alguien lo detenemos e informamos a la maestra o el maestro.					
Participamos en asambleas para analizar los problemas y tomar decisiones.					
Nos saludamos y tratamos con respeto.					
Respetamos las reglas del salón y de la escuela.					
Evitamos hacer trampa cuando jugamos.					
Mantenemos el salón limpio y en orden.					
Nuestras opiniones son tomadas en cuenta por la maestra o el maestro.					

Recibimos de nuestras maestras o maestros y compañeros un trato afectuoso y nos cuidamos entre todos.				
Tenemos oportunidades para participar, opinar y organizarnos.				
Evitamos violencia, insultos y humillaciones.				
Somos solidarios y cooperamos cuando se necesita.				
Tenemos espacios y momentos para convivir, conversar y divertirnos.				
Nos respetamos sin hacer distinciones por el origen étnico, las capacidades, la posición social o la religión.				
Total de palomitas (✓)				

2. Cuenta las palomitas (✓) que anotaste en cada columna y escribe el total en la última casilla.

3. Comparte tus resultados con un compañero y comenten:

- En los aspectos en los que anotaron "Casi nunca" y "Nunca", ¿cómo se sintieron?
- ¿Cómo reaccionaron sus compañeros?
- ¿Cómo califican la convivencia en la escuela y en el salón de clases?

4. Escriban qué pudieron haber hecho para cambiar esas situaciones.

_____

_____

_____

5. Escriban qué pueden hacer ahora para mejorar el respeto y buen trato en el salón y en la escuela.

_____

_____

_____

En esta lección elaborarás un cartel que promueva el buen trato y la cultura de paz. Además, concluirás con tu equipo el proyecto para mejorar la convivencia en la escuela.

Para aprender

Para que una persona pueda crecer, aprender y desarrollarse, necesita recibir educación, tener acceso a medidas y servicios que le ayuden a mantener su salud y contar con lo necesario para su bienestar físico, emocional y social. Pero también requiere vivir y convivir en un ambiente sano y sin violencia, en el que la cultura de paz y el buen trato estén presentes.

Según la Organización de las Naciones Unidas, "la cultura de paz consiste en una serie de valores, actitudes y comportamientos que rechazan la violencia y previenen los conflictos tratando de atacar sus causas, con el fin de solucionar los problemas mediante el diálogo y la negociación entre las personas, los grupos y las naciones". Estos valores, actitudes y comportamientos que requiere la cultura de paz deben basarse en el reconocimiento y respeto de los derechos humanos y también en el rechazo a la violencia y el seguimiento de principios y valores como la libertad, la justicia, la solidaridad, la tolerancia y la comprensión mutua entre personas, grupos y pueblos.

El logro de un ambiente de paz en la relación cotidiana con otras personas necesita del compromiso y la participación de todos, y el buen trato es el mejor punto de partida. El buen trato es un modo de convivir basado en la aplicación de valores como la solidaridad y el respeto en las relaciones humanas, así como en la prevención de toda forma de violencia. Está presente cuando se ofrece y recibe afecto, cuando se pueden expresar las ideas libremente y se respeta a las personas en su forma de ser, pensar y vestir, en sus creencias y en sus opiniones. De manera especial, el buen trato exige que se respete tu cuerpo, que no te agredan, ofendan ni maltraten de forma alguna.

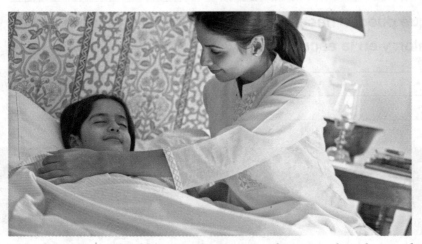

Los adultos tienen la obligación de proteger a los niños de todo tipo de riesgo, abuso, descuido, maltrato o explotación. Ésta es una condición más de la cultura de paz y buen trato.

Palabras claras

El lado contrario del buen trato es el maltrato infantil. La Organización Mundial de la Salud lo define como todo abuso o desatención que padecen los menores de 18 años e incluye todos los tipos de maltrato físico o psicológico, abuso sexual, desatención, negligencia y explotación comercial o de otro tipo que causen o puedan causar un daño a la salud, desarrollo o dignidad del niño, o poner en peligro su supervivencia.

La práctica cotidiana del buen trato previene el maltrato infantil porque forma un escudo protector contra la violencia, pues evita dar lugar a las agresiones verbales, físicas o de cualquier tipo entre personas de la misma edad o entre adultos y menores.

El trabajo colaborativo es importante tanto para la formación escolar como en la vida cotidiana, ayuda a la solución de problemas y también a la prevención de riesgos.

Las familias, el personal de las escuelas y otros adultos responsables del cuidado infantil deben promover la cultura de paz y buen trato porque favorece la realización de los derechos de niños y adolescentes. Sabemos que cuando se respeta a la niñez y se garantizan sus derechos, mejoran las condiciones para su desarrollo físico, emocional y social, además de que se genera una mejor convivencia.

¡Participemos!

1. Revisa el texto del siguiente esquema. Debajo de las ilustraciones escribe frases que reflejen el buen trato entre niñas y niños, así como de los adultos hacia ustedes.

El buen trato se nota cuando...

Las personas adultas:
- Cumplen con la obligación de proteger a la niñez y a los adolescentes de cualquier forma de maltrato, agresión o abuso.
- Les dan afecto, les ponen atención, platican con ellos y los escuchan.
- Los educan con ejemplos y sin castigos que los lastimen.
- Los alimentan sanamente y cuidan de su salud.
- Toman en cuenta sus ideas y opiniones.
- Respetan su forma de ser y de pensar.
- Los protegen y defienden de cualquier situación que lastime su cuerpo o su dignidad como personas.

Entre las niñas y los niños:
- Se tratan con respeto.
- Se hablan por su nombre y no con apodos.
- No se burlan cuando algo no sale bien.
- Respetan las diferencias que existen por la forma de ser, pensar o por sus creencias.
- Solucionan sus problemas dialogando.
- Se tienen confianza.
- Se apoyan mutuamente.
- Se cuidan entre sí.

_____

_____

_____

2. Comparte con el grupo las frases que incluiste y anota las que te gusten o te parezcan importantes después de escuchar a tus compañeros.

3. En equipos, elaboren un cartel en favor del buen trato y la cultura de paz. Procuren incluir recortes de revistas o dibujos y una frase que invite a practicar el buen trato.

4. Al terminar, expongan sus carteles ante el grupo y elijan la forma en que los presentarán al resto de la escuela.

Sexto paso: evaluación y presentación de resultados.

Para presentar los resultados de su proyecto, comenten en qué medida pudieron aplicar las actividades, si contribuyeron a resolver el problema y si ayudaron a mejorar la convivencia. Utilicen las notas que elaboraron durante la aplicación y lo que registraron en la tabla.

Elaboren cartulinas, escriban en el pizarrón o empleen algún recurso electrónico como presentaciones o videos. Expongan al grupo su trabajo.

Cuando concluyan las presentaciones, terminen la tabla de evaluación del proyecto y comenten a los otros equipos lo que más les gustó y lo que aprendieron, los resultados y el impacto que piensan tendrán las acciones aplicadas en las personas que participaron y en quienes tuvieron contacto con la propuesta.

Lo que aprendí

Busca en tu Baúl de Formación Cívica y Ética el decálogo de principios éticos elaborado en la Lección 6. Completa el siguiente esquema de autoevaluación, tomando en cuenta estos principios: la experiencia de haber participado en el desarrollo del proyecto y tu compromiso para colaborar en la atención de los problemas de tu escuela y tu comunidad, en la prevención de riesgos y para convivir pacífica y respetuosamente.

¿Qué aprendí?	¿Qué aporté?	¿A qué me comprometo en el futuro?

Evaluación

1. Escribe en una hoja una reseña acerca de la experiencia de elaborar y aplicar el proyecto que elegiste en la Lección 17.

2. Explica por qué es importante que cada persona se considere parte de la solución de los problemas de interés común.

3. Observa las imágenes.

Recuerda lo que has vivido en tu educación primaria y revisa lo que has escrito en tu Anecdotario durante todo el curso para que contestes allí lo siguiente:

• ¿Cuál fue el momento más difícil?

• ¿Cuál la mejor experiencia?

• ¿Qué te llevas de la relación con tus compañeros, maestras y maestros?

• ¿Qué aprendiste en Formación Cívica y Ética?

• ¿Qué aprendiste para mejorar la convivencia al realizar este proyecto?

• ¿Qué le recomendarías a quienes van a cursar sexto grado el próximo ciclo escolar?

4. Escribe una carta de despedida a tu escuela en la que invites a alumnos, maestras o maestros y familias a convivir con respeto y buen trato. Después, en grupo, elaboren un periódico mural con las cartas de todos ustedes.

Bibliografía consultada

AYUSTE, Ana (coord.), *Educación, ciudadanía y democracia*, Barcelona, Octaedro-OEI, 2006 (Colección Educación en Valores).

BOLÍVAR, Antonio, *Educación ciudadana. Algo más que una asignatura*, Madrid, Graò, 2007 (Crítica y Fundamentos, 16).

BUXARRAIS, María Rosa, Míquel Martínez, Josep María Puig y Jaume Trilla, *La educación moral en primaria y secundaria*, México, OEI-UNESCO-SEP, 1999 (Biblioteca para la Actualización del Maestro).

CARBONELL, Miguel, *Igualdad y Constitución*, México, Conapred, 2004 (Cuadernos de la igualdad, 1).

CASCÓN SORIANO, Paco y Greta Papadimitriou, *Resolución no violenta de conflictos. Guía metodológica*, México, McGraw-Hill, 2005.

CASTEÑAR, Olga, *La asertividad: expresión de una sana autoestima*, Madrid, Descle, 1996.

CHAPELA, Luz María, *Democracia y diversidad*, México, Instituto Electoral del Distrito Federal-SEP, 2002.

CONAPO, *Educación sexual. Preguntas fundamentales*, México, Consejo Nacional de Población, Educación en Población (Material de Apoyo para el Docente), disponible en <http://www.conapo.gob.mx/es/CONAPO/Educacion_sexual_Preguntas_fundamentales>.

CONAPRED, *Prohibido discriminar. Por una cultura del respeto a la diversidad humana*, México, Consejo Nacional para Prevenir la Discriminación, 2004.

CONDE, Silvia, *Aprendo a elegir bien para desarrollarme mejor: guía para alumnos de 5° y 6° grados de primaria*, México, SEP, 2010.

_____, *Educar y proteger. El trabajo docente en una escuela segura*, México, SEP, 2011.

_____, Gabriela Conde y Gloria Canedo, *Educar para la democracia. Ficheros de actividades*, México, IFE, 2004.

CORTINA, Adela, *El quehacer ético. Guía para la educación moral*, Madrid, Aula XXI, Santillana, 1996.

_____, *La educación y los valores*, Madrid, Biblioteca Nueva, 2007.

CRESPO, José Antonio, *Elecciones y democracia*, México, IFE, 1995 (Cuadernos de Divulgación de la Cultura Democrática).

DÍAZ AGUADO, María José, "Cómo se produce la violencia escolar y cómo prevenirla", *Revista Iberoamericana de Educación*, núm. 37, enero-abril de 2005, disponible en <http://www.rieoei.org/rie37a01.htm>, fecha de consulta: 6 de marzo de 2014.

DUARTE, Joseph María, *La organización ética de la escuela y la transmisión de valores*, Barcelona, Paidós, 1999.

ELIAS, Maurice J., *et al.*, *Educar con inteligencia emocional. Cómo conseguir que nuestros hijos sean responsables y adquieran un grado óptimo de sociabilidad*, México, Plaza y Janés, 1999.

FURLÁN, Alfredo, "Problemas de indisciplina en las escuelas de México: el silencio de la pedagogía", *Perspectivas*, núm. 4, diciembre de 1998, disponible en <http://unesdoc.unesco.org/images/0011/001167/116768sb.pdf>, fecha de consulta: 29 de mayo de 2014.

GARCÍA, Benilde, Sylvia Schmelkes, Silvia Conde *et al.*, *La formación cívica y ética en la educación básica: retos y posibilidades en el contexto de la sociedad globalizada*, México, SEP-Subsecretaría de Educación Básica, 2011 (Serie Teoría y Práctica Curricular de la Educación Básica).

GARCÍA GONZÁLEZ, Dora Elvira, *Democracia y educación cívica: una apuesta reivindicativa del ciudadano reflexivo y crítico*, México, Instituto Electoral del Distrito Federal, 5° concurso de tesis, ensayo y cuento, 2005.

GÓMEZ NASHIKI, Antonio, "Violencia e institución educativa", *Revista Mexicana de Investigación Educativa*, núm. 26, julio-septiembre de 2005, <http://www.comie.org.mx/v1/revista/portal.php?idm=es&sec=SC03&sub=SBB&criterio=ART00071>, fecha de consulta: 29 de mayo de 2014.

HENDERSON, Nan y Mike Milstein, *Resiliencia en la escuela*, México, Paidós, 2003.

HIRIART, V., *Educación sexual en la escuela. Guía para el orientador de púberes y adolescentes*, México, Paidós, 1999.

KORNBLIT, Ana Lía (coord.), *Violencia escolar y climas sociales*, Buenos Aires, Biblios Sociedad, 2008.

MAGENDZO, Abraham, *La escuela y los derechos humanos*, México, Cal y Arena, 2008.

_____, María Isabel Toledo y Carolina Rosenfeld, *Intimidación entre estudiantes. Cómo identificarlos y cómo atenderlos*, Santiago de Chile, LOM Ediciones, 2004.

MORGAN, María Isabel, *Educación sexual. Preguntas fundamentales*, México, Conapo, 2007 (Serie: Educación en Población. Material de apoyo al docente), disponible en

<http://www.conapo.gob.mx/publicaciones/Salud Reproductiva/Epob/07EDUCACION.pdf>.

Papadimitriou, Greta y Miguel Ángel Sinú Romo, *Capacidades y competencias para la resolución no-violenta de conflictos*, México, McGraw-Hill, 2005.

Sastre Vilarrasa, Genoveva y Montserrat Moreno Marimon, *Resolución de conflictos y aprendizaje emocional*, Barcelona, Gedisa, 2002.

Schmelkes, Sylvia, *La formación de valores en la educación básica*, México, SEP, 2004 (Biblioteca para la Actualización del Maestro).

Trejo Delarbre, Raúl, *Televisión y educación para la ciudadanía*, México, Cal y Arena, 2008.

Villegas, Reyna, *Construyamos la democracia*, México, SEP-Santillana, 2002 (Libros del Rincón).

Yurén, Teresa y Sonia Stella Araujo, *Calidoscopio: Valores, ciudadanía y ethos como problemas educativos*, México, Universidad Autónoma de Morelos-Organizaciones y Procesos de Formación y Educación-Correo del Maestro-Ediciones La Vasija, 2007.

Leyes

Constitución Política de los Estados Unidos Mexicanos, México, Cámara de Diputados del H. Congreso de la Unión, 2014, disponible en <http://www.diputados.gob.mx/LeyesBiblio/pdf/1_100214.pdf>.

Ley Federal de Transparencia y Acceso a la Información Pública Gubernamental, México, Cámara de Diputados del H. Congreso de la Unión, 2014, disponible en <http://www.diputados.gob.mx/LeyesBiblio/pdf/244.pdf>.

Ley Federal para Prevenir y Eliminar la Discriminación, México, Cámara de Diputados del H. Congreso de la Unión, 2014, disponible en <http://www.diputados.gob.mx/LeyesBiblio/pdf/262.pdf>.

Ley para la Protección de los Derechos de Niños, Niñas y Adolescentes, México, Cámara de Diputados del H. Congreso de la Unión, 2014, disponible en <http://www.diputados.gob.mx/LeyesBiblio/pdf/185.pdf>.

Ley General de Acceso de las Mujeres a una Vida Libre de Violencia, México, Cámara de Diputados del H. Congreso de la Unión, 2014, disponible en <http://www.diputados.gob.mx/LeyesBiblio/pdf/LGAMVLV.pdf>.

Encuestas

Encuesta Nacional de Adicciones, México, Secretaría de Salud-Conadic-Instituto Nacional de Psiquiatría-Fundación Gonzalo Río Arronte, 2011, disponible en <http://www.conadic.salud.gob.mx/pdfs/ENA_2011_DROGAS_ILICITAS_.pdf>.

Encuesta Nacional de Juventud, México, Instituto Mexicano de la Juventud-SEP-CIEJ, 2010, disponible en <http://www.imjuventud.gob.mx/imgs/uploads/Encuesta_Nacional_de_Juventud_2010_-_Resultados_Generales_18nov11.pdf>.

Encuesta Nacional de Valores en Juventud, México, Instituto Mexicano de la Juventud, 2012, disponible en <http://www.imjuventud.gob.mx/imgs/uploads/ENVAJ_2012.pdf>.

Encuesta Nacional de Salud y Nutrición, México, Instituto Nacional de Salud Pública, 2012, disponible en <http://ensanut.insp.mx/>.

Encuesta Nacional sobre Discriminación en México, México, Conapred, 2010, disponible en <http://www.conapred.org.mx/index.php?contenido=pagina&id=424&id_opcion=436&op=436>.

Estudio sobre corrupción y actitudes ciudadanas, México, Secretaría de la Función Pública, 2006, disponible en <http://www.funcionpublica.gob.mx/web/doctos/transparencia/focalizada/indices/12.pdf>.

Créditos iconográficos

pp. 12-13: derecho a la recreación y el pensamiento, *Proyecto para la Difusión en Escuelas Primarias y Secundarias de los Derechos de las Niñas, los Niños y los Adolescentes*, ilustración de Carolina Herrera Vázquez, 76 x 51 cm, Escuela Secundaria Técnica núm. 93 del Distrito Federal; **p. 14:** (arr.) secuencias de crecimiento de niña; (ab.) secuencias de crecimiento de niño, cortesía de Yerit Zaragoza; **p. 22:** (arr.) madre adolescente con bebé, © Photo Stock; (ab. izq.) mujer adolescente comprando condones, fotografía de Ricardo Castellanos/Foto Disk; (ab. der.) pareja adolescente en mirador, fotografía de Rubén Espinosa/Procesofoto; **p. 23:** (arr.) anticonceptivos, Fotolia; (centro) joven embarazada, © Photo Stock; (ab.) pareja adolescente observando cómo se pone un condón, fotografía de Carlos Tischler/Procesofoto; **p. 24:** adolescente leyendo una revista, © Latinstock México; **p. 25:** cartel de Amnistía Internacional contra la violencia hacia las mujeres, © Amnistía Internacional; **p. 26:** pareja de niños tomados de la mano, © Depositphotos; **p. 45:** grupo de alumnos de sexto de primaria, fotografía de Ricardo Castellanos/Foto Disk; **p. 58:** acervo DGDGIE-SEP; **p. 62:** (izq.) espacio exclusivo para personas en silla de ruedas, Metrobús; (arr. der.) lugares exclusivos para discapacitados en estacionamiento, © Depositphotos; (ab. der.) bebedero, fotografía de Martín Córdova/Archivo iconográfico DGMIE-SEP; **p. 63:** niños de primaria durante recreo escolar, fotografía de Ricardo Castellanos/Foto Disk; **p. 64:** acervo DGDGIE-SEP; **p. 71:** (de izq. a der. y de arr. hacia ab.) trabajador de CFE, fotografía de Omar López/Procesofoto; torso de Presidente de la República, fotografía de Javier Lira/Notimex; diputada en la tribuna de la Cámara de Diputados, Procesofoto; enfermera atendiendo a niña, © Latinstock México; barrendero de la ciudad de México, fotografía de Olivia Vivanco; ejército sirviendo comida a damnificados por huracán, fotografía de Carlos Tomás Cabrera/Procesofoto; maestra con niños, fotografía de Jorge González; mujer policía, fotografía de Miguel Mejía Castro; **p. 74:** cartel de Eliete Martín del Campo; **p. 75:** acervo DGDGIE-SEP; **p. 80:** (de izq. a der. y de arr. hacia ab.) desempleo en la ciudad de México, fotografía de Benjamín Flores/Procesofoto; niño trabajando en fábrica de calzado, © Latinstock México; pobreza, fotografía de Marco Antonio Cruz/Procesofoto; puesto de piratería, fotografía de Benjamín Flores/Procesofoto; niños limpiando parabrisas, fotografía de Eduardo Miranda/Procesofoto; niño vendiendo plantas, David Polo/Cuartoscuro; **p. 81:** mujer del grupo "Las Patronas" dando de comer a migrantes que viajen

en tren, fotografía de Manuel Ureste; **p. 83:** niña dibujando, fotografía de Ricardo Castellanos/Foto Disk; **p. 84:** cartel de la campaña Corazón Azul contra la trata de personas, © Organización de las Naciones Unidas (ONU); **p. 85:** dulces típicos, Colima, © CPTM: Foto/Ricardo Espinosa-reo; **p. 90:** niñas de la etnia maya Chuj, © Latinstock México; **p. 91:** *La Diversidad Cultural de México. Lenguas Indígenas Nacionales*, © Dirección General de Culturas Populares, Conaculta, primera edición octubre de 1998, segunda edición febrero de 2004, tercera edición diciembre de 2012; **p. 92:** (arr. izq.) familia senegalesa, © Latinstock México; (arr. der.) familia de gitanos, © Latinstock México; (ab. izq.) familia china, © Depositphotos; (ab. der.) familia quechua, © Latinstock México; **p. 93:** familia afgana, © Latinstock México; **p. 95:** (de izq. a der. y de arr. hacia ab.) celebración del Año Nuevo Chino, © Depositphotos; comida tradicional libanesa, © Depositphotos; quinceañera con chambelanes, © Latinstock México; mujer ejecutando baile tradicional Kabuki, © Depositphotos; danza tradicional Masai, © Depositphotos; indios cora de Nayarit en ceremonia, © Photo Stock; **p. 96:** diversidad e interculturalidad, © Depositphotos; **p. 98:** Ali Roxox, www.elgriton.com.mx/inicio/?p=44605; **p. 99:** *Pintura de castas con todas las 16 combinaciones*, siglo XVIII, anónimo, óleo sobre tela, 148 x 104 cm, Museo Nacional del Virreinato, Tepotzotlán, Estado de México, Conaculta-INAH-Méx., reproducción autorizada por el Instituto Nacional de Antropología e Historia; **p. 101:** Rosa Parks ingresando a la prisión del condado de Alabama, © Latinstock México; **p. 102:** soldados del conflicto civil en Sudán, © Latinstock México; **p. 105:** (arr. izq.) grupo de niños sonriendo, © Latinstock México; (arr. der.) niñas en balcón, © Photo Stock; (ab. izq.) niños sosteniendo perros, © Photo Stock; (ab. der.) niña, fotografía de Jesús Ordóñez; **p. 106:** (arr.) multitud, fotografía de Irene León/Archivo iconográfico DGMIE-SEP; (ab.) pipa de agua potable, cortesía Delegación Azcapotzalco; **p. 107:** (de arr. hacia ab. y de izq. a der.) oso polar, fábricas, tala inmoderada, ciclón, peces muertos por contaminación del río, tiradero de basura, © Depositphotos; **p. 108:** acervo DGDGIE-SEP; **p. 111:** (arr. izq.) Los Tuxtlas en Veracruz, © Photo Stock; (arr. centro) Cuatro Ciénagas en Coahuila, © Photo Stock; (arr. der.) flamingos en la playa Ría Lagartos en Yucatán, © Depositphotos; (ab. izq.) Cerro de la Silla en Nuevo León, © Photo Stock; (ab. der.) Cañón del Sumidero en Chiapas, © Photo Stock; **p. 112:** (izq. a der.) macetas hechas con botes de aluminio reciclados, © Depositphotos; botes de basura orgánica e inorgánica, fotografía de Olivia Vivanco; ahorro de energía, © Depositphotos; niña llenando botella de agua, © Latinstock México; **p. 118:** (arr.) niña en uniforme escolar, fotografía de Olivia Vivanco; (ab.) salón de clases, fotografía de Ricardo Castellanos/Foto Disk; **p. 119:** (arr.) niños exponiendo cartel anti *bullying*; equipo de sexto año recopilando información, fotografías de Ricardo Castellanos/Foto Disk; **p. 120:** niños participando en la Consulta Infantil y Juvenil 2012, fotografía de Olivia Vivanco; **p. 124:** (izq.) mujer introduciendo su voto en urna, fotografía de Víctor Ruiz/Procesofoto; **pp. 124-125:** grupo de niños con manos alzadas, © Photo Stock; **p. 125:** (arr. izq.) Consulta Infantil Juvenil 2012, IFE; (arr. der.) grupo de niños sonriendo, © Depositphotos; (centro.) manos © Depositphotos; (ab.) niños participando en la Consulta Infantil y Juvenil 2012, fotografía de Olivia Vivanco; **p. 128:** asamblea campesina, fotografía de Óscar Alvarado/Procesofoto; **p. 137:** sesión extraordinaria de la LXII Legislatura, fotografía de Germán Canseco/Procesofoto; **p. 140:** (de izq. a der.) panorámica de Estocolmo; bandera de Suecia; paisaje de Uganda; (ab. der.) bandera de Uganda, © Depositphotos; **p. 143:** cartel sobre Derechos Humanos, © Amnistía Internacional; **p. 144:** mitin de sufragistas piden el voto electoral de la mujer, © 5209, Conaculta.INAH.Sinafo.FN.México; **p. 152:** Claudio Sinecio Flores, delegado de la Profeco en Querétaro, fotografía de Arturo Pérez y Pérez/Procesofoto; **pp. 158-159:** derecho a la salud, *Proyecto para la Difusión en Escuelas Primarias y Secundarias de los Derechos de las Niñas, los Niños y los Adolescentes*, ilustración de Sheila González Domínguez, 76 x 51 cm, Escuela Secundaria Técnica núm. 48 del Distrito Federal; **p. 165:** IV Foro Mundial del Agua, fotografía de Miguel Dimayuga/Procesofoto; **pp. 166-167:** (izq. a der.) asamblea popular de los pueblos de Guerrero,

fotografía de José Luis de la Cruz/Procesofoto; manifestación de vecinos en Villa Coapa, fotografía de Marco Antonio Cruz/Procesofoto; asamblea de integrantes del Movimiento de Regeneración Nacional Morena, fotografía de Octavio Gómez/Procesofoto; **p. 171:** derecho a la protección, Proyecto para la Difusión en Escuelas Primarias y Secundarias de los Derechos de las Niñas, los Niños y los Adolescentes, ilustración de Anel Paola Ramírez Esparza, 76 x 51 cm, Escuela Secundaria Técnica núm. 39 del Distrito Federal; **p. 173:** pobladores de Villahermosa, Tabasco, actúan frente a amenaza de inundación, fotografía de Gilberto Villasana/Procesofoto; **p. 174:** campaña rural de vacunación, © Latinstock México; **p. 177:** hombres leyendo el periódico, © Latinstock México; **p. 180:** devastación después de un sismo, © Latinstock México; **p. 182:** (arr. izq.) erupción, © Depositphotos; (arr. der) ciclón, © Depositphotos; (ab. izq.) manifestación, fotografía de Ezequiel Gómez Leyva/Procesofoto; (ab. der.) incendio, © Depositphotos; **p. 183:** el Volcán de Colima luego de una pequeña explosión, fotografía Evelyn Flores/Procesofoto; **p. 185:** (de arr. hacia abajo, izq. a der.) semáforo de alerta volcánica; CENAPRED; medidas a tomar en caso de sismo, CENAPRED; medidas para evitar el mosquito del dengue en escuelas, Secretaría de Salud; recomendaciones sobre estornudo correcto, Secretaría de Salud; **p. 190:** madre arropando a su hija antes de dormir, © Latinstock México; **p. 191:** brigada infantil durante simulacro, fotografía de Heriberto Rodríguez/Archivo iconográfico DGMIE-SEP; **p. 194:** (arr. izq.) niñas sobre neumáticos; (arr. der.) niñas y niños dibujando; (ab. izq.) niñas y niños conversando; (ab. centro) niñas y niños pegando periódico mural; (ab. der.) niñas y niños con instrumentos musicales y conversando, fotografías de Ricardo Castellanos/Foto Disk.

Anecdotario

¿Qué opinas de tu libro?

Tu opinión es importante para que podamos mejorar este libro de *Formación Cívica y Ética. Sexto grado de Primaria*. Marca con una palomita ✓ el espacio de la respuesta que mejor exprese lo que piensas.

Puedes escanear tus respuestas y enviarlas al correo electrónico librosdetexto@sep.gob.mx.

1. ¿Recibiste tu libro el primer día de clases?

   ☐ Sí   ☐ No

2. ¿Te gustó tu libro?

   ☐ Mucho   ☐ Regular   ☐ Poco

3. ¿Te gustaron las imágenes?

   ☐ Mucho   ☐ Regular   ☐ Poco

4. Las imágenes, ¿te ayudaron a entender las actividades?

   ☐ Mucho   ☐ Regular   ☐ Poco

5. Las instrucciones de las actividades, ¿fueron claras?

   ☐ Siempre   ☐ Casi siempre   ☐ Algunas veces

6. Además de los libros de texto que son tuyos, ¿hay otros libros en tu aula?

   ☐ Sí   ☐ No

7. ¿Tienes en tu casa libros que no sean los de texto gratuito?

   ☐ Sí   ☐ No

8. ¿Acostumbras leer los *Libros de Texto Gratuitos* con los adultos de tu casa?

   ☐ Sí   ☐ No

9. ¿Consultas los Libros del Rincón de la biblioteca de tu escuela?

   ☐ Sí   ☐ No

   ¿Por qué?: _____

   _____

10. Si tienes alguna sugerencia para mejorar este libro, o sobre los materiales educativos, escríbela aquí:

    _____

    _____

    _____

    _____

¡Gracias por tu participación!

SEP

SECRETARÍA DE
EDUCACIÓN PÚBLICA

**Dirección General Adjunta para la Articulación Curricular
de la Educación Básica**

Reforma 122, cuarto piso, col. Juárez,
delegación Cuauhtémoc, C. P. 06600,
México, D. F.

- -

Doblar aquí

Datos generales

Entidad: _____

Escuela: _____

Turno: Matutino ☐ Vespertino ☐ Escuela de tiempo completo ☐

Nombre del alumno: _____

Domicilio del alumno: _____

Grado: _____

- -

Doblar aquí

_____

_____

_____

_____

_____

_____

_____